ARREST

CONTRADICTOIRE
DV
CONSEIL D'ESTAT
DV ROY,
SA MAJESTE' Y ESTANT,

Portant un Reglement general de jurifdiction entre les Prevoft des Marchands & Efchevins de la Ville de Lyon, Iuges, Gardiens & Confervateurs des privileges de fes foires, & les Officiers de la Senefchauffée & Siege Prefidial de ladite Ville.

Du 23. Decembre 1668.

A LYON,

Chez A NTOINE I VLLIERON, feul Imprimeur & Libraire
ordinaire du Roy, du Clergé, & de la Ville, à l'enfeigne
des deux Viperes, dans la Place de Confort.

M. DC. LXIX.
Avec Privilege de Sa Majefté.

EXTRAIT DES REGISTRES
du Conseil d'Eſtat.

V E u par le Roy eſtant en ſon Conſeil les requeſtes reſpectivement preſentées à Sa Majeſté par les Prevoſt des Marchands & Eſchevins de la ville de Lyon , Preſidens , Iuges,
Gardiens & Conſervateurs des privileges royaux des foires de ladite Ville, par Paul Maſcranny, André Falconet, Eſtienne Berton, Pierre Boiſſe, &
Antoine Blauf Preuoſt des Marchands & Eſchevins de ladite
Ville, Iuges , Gardiens & Conſervateurs des privileges deſdites foires , & Dominique de Pont-Saint Pierre , Benoiſt
Vacheron , Bernardin Reynon , Laurent Anniſſon , Nicolas
Alexandre, & Iean François Philibert Commiſſaires nommez
par Sa Majeſté & par ladite Ville pour l'exercice de la juſtice
en la juriſdiction deſdits Juges Conſervateurs conjointement
avec leſdits Prevoſt des Marchands & Eſchevins : par les Preſidens, Lieutenans General, Criminel, Particulier, Conſeil-
lers, & Procureur de ſa Majeſté, Juges & Magiſtrats en la Seneſchauſſée & Siege Preſidial de ladite ville de Lyon : par ledit
Paul Maſcranny Eſcuyer Seigneur de la Verriere en ſon nom
ſeul : par François du Faure Conſeiller de Sa Majeſté, Receveur general ancien des Gabelles de Lyonnois : par les Procureurs poſtulans en la Seneſchauſſée & Siege Preſidial de Lyon,
en ladite juriſdiction de la Conſervation des privileges des foires , & autres juriſdictions royales de ladite Ville : par Matthieu de Seve Conſeiller du Roy, Preſident , & Lieutenant
general en ladite Seneſchauſſée & Siege Preſidial de ladite vil-

A 2

le

4

le de Lyon : par Pierre Pilotte Procureur és Cours dudit Lyon :
& par Thomas de Moulceau Escuyer , Secretaire & Deputé
de ladite Ville : Sçavoir celle desdits Prevost des Marchands
& Eschevins, Iuges, Gardiens & Conservateurs des privileges des foires de ladite Ville , contenant : Que Sa Majesté de-
sirant estre informée des causes & de l'origine de l'établissement dans ladite Ville , de la jurisdiction desdits Iuges Conservateurs unie depuis quelques années au Corps Consulaire
de ladite Ville , pour ce fait estre par elle remedié avec plus
de connoissance de cause aux frequentes & continuelles entreprises par lesquelles les Officiers de la Seneschaussée &
Siege Presidial de ladite Ville travaillent comme ils ont toûjours fait à s'arroger la connoissance des matieres , procés &
differends concernans le fait du commerce & des Marchands
tant de ladite Ville qu'autres qui y negocient sous le privilege
desdites foires , & d'aneantir en mesme temps cette legitime
autorité desdits Juges Conservateurs ; Sa Majesté par l'Arrest
sur ce intervenu en son Conseil Royal de Commerce le 21.
May 1667. a entre autres choses ordonné que les titres concernans cet établissement & attribution de ladite jurisdiction
desdits Juges Conservateurs seroient incessamment apportez
audit Conseil & mis entre les mains du Sieur Pussort Conseiller ordinaire de Sa Majesté en tous ses Conseils , pour ce
fait & lesdits titres par luy veus estre par Sa Majesté à son rapport audit Conseil ordonné ce que de raison : Et cependant
que le jugement provisionel rendu par le Sieur Archevesque
de Lyon entre les Officiers dudit Presidial & lesdits Supplians
le 6. Mars audit an 1667. seroit executé selon sa forme & teneur , avec défenses ausdites parties de se pourvoir pour raison de ce ailleurs qu'audit Conseil aux peines portées par ledit Arrest , jusques à ce que par sa Majesté en eust esté autrement ordonné. Mais bien que cet Arrest ait esté deslors
deuëment signifié ausdits Officiers dudit Presidial , & qu'il
y ait esté pleinement satisfait de la part desdits Supplians par
la remise actuelle de tous les titres qui ont étably, & depuis
de temps en temps confirmé cet établissement & cette privative

vatiue jurifdiction defdits Juges Confervateurs fur tout ce qui concerne & compofe le commerce & le negoce defdits Marchands; neanmoins il n'y a point d'artifices ny de moyens par lefquels lefdits Officiers n'ayent depuis foigneufement travaillé à fe conferver dans les mefmes ufurpations de cette autorité, au mépris de ces défenfes à eux faites par ledit Arreft. Le premier qu'ils ont mis pour cela en ufage, a efté celuy de fuggerer adroitement au fieur Procureur General de fa Majefté au Parlement de Paris par le miniftere & l'entremife de Maiftre Jean Vidaud fon Subftitut audit Prefidial & en ladite Confervation, qu'il fe commettoit dans le Greffe de ladite Confervation divers abus & induës exactions par ceux qui en font l'exercice au delà des droits à eux fixez & reglez par l'Edit de l'union de cette jurifdiction audit Confulat, & fous ce pretexte ont fous le mefme nom dudit Procureur General fait rendre Arreft en ladite Cour, portant défenfes au Greffier de ladite Confervation de prendre plus grands droits que deux fols fix deniers pour chacun roolle de groffe de leurs expeditions: & en cas de contravention en feroit informé par le premier Confeiller de ladite Cour trouvé fur les lieux, finon par le Lieutenant General ou Particulier ou autre Confeiller audit Prefidial, pour l'information faite rapportée & communiquée audit fieur Procureur General eftre par la Cour ordonné ce que de raifon. Le fecond moyen defdits Officiers dudit Prefidial a efté celuy de fe prevaloir en forte de l'occafion du procés pendant & indecis audit Prefidial entre le nommé Claude Dandré Marchand negociant dans ladite Ville fous les privileges des foires d'une part, & quelques particuliers défendeurs d'autre pour raifon de certain heritage contentieux: fi bien que faifant fecretement efperer audit Dandré le gain de ce procés où il s'agit pour luy d'une pretention de plus de cinquante mille liures, ils luy ont infpiré auffi-bien qu'à fon affocié le deffein de fe retirer audit Prefidial pour un fait de leur commerce & de leur focieté & d'y prefenter fa requefte: en forte qu'aprés s'eftre ainfi par le miniftere dudit Dandré arrogé la connoiffance de ce fait de

commerce

commerce & de negoce desdits Marchands, ils ont de la mesme maniere & sous le mesme nom, pour mieux autoriser cette usurpation, fait rendre Arrest audit Parlement le 30. Decembre dernier 1667. portant entre autres choses que les parties procederont audit Presidial pour ce qui concerne le fait de leurdite societé & commerce. Le troisiéme moyen par lequel les Officiers dudit Presidial ont contrevenu à cet Arrest du Conseil & aux défenses y contenuës, a esté celuy de l'execution de l'Arrest dudit Parlement du 3. Sept. audit an 1667. sur le fait des voitures : en sorte que bien qu'il eust conservé & renvoyé la connoissance de ce fait desdites voitures aux Iuges de l'étenduë de son ressort chacun suivant qu'ils seroient fondez d'en connoistre, & que ledit Vidaud Substitut dudit sieur Procureur General non seulement en ladite Seneschaussée & Siege Presidial, mais encore en ladite Conservation, n'ait pû ignorer l'incompetance dudit Presidial & la naturelle jurisdiction & attribution desdits Juges Conservateurs, sur cette matiere desdites voitures : neanmoins ledit Vidaud suivant en cela son mouvement ordinaire & la pente qu'il a à favoriser les Officiers dudit Presidial & leurs entreprises sur cette autorité legitime & privative desdits Iuges Conservateurs par la raison de son attachement audit Presidial & par celle de sa parenté avec le Lieutenant General, le Lieutenant Particulier, & autres plus considerables Officiers dudit Siege au degré prohibé par les Ordonnances & Reglemens de sa Majesté ; Il a porté & presenté cet Arrest de ladite Cour à ces mesmes Officiers dudit Siege où la publication en a esté faite à sa propre requeste le 29. Novembre suivant, comme s'ils estoient Iuges competens de cette connoissance à l'exclusion desdits Iuges Conservateurs, & cela avec tant d'affectation & un dessein si premedité de dérober cette nouvelle entreprise à la veuë desdits Supplians, qu'ils ont eu toutes les peines du monde d'obtenir du Greffier dudit Siege l'expedition de cet Acte de ladite publication, après l'avoir souvent interpellé de vive voix & mesme par écrit. D'ailleurs, bien que ledit Arrest dudit Conseil ait

expressément

expreſſément voulu & ordonné, Que tous Marchands portans bilan, tenans livres & ſtipulans payemens en temps de
foires en ladite Ville ſeront & demeureront juſticiables pour
raiſon de leur negoce deſdits Juges Conſervateuts privativement auſdits Officiers dudit Preſidial : neanmoins le Lieutenant General audit Siege n'a pas eſté pluſtoſt averty de la
faillite d'Oudart Mercier Marchand negociant tenant livres
& bilan dans ladite Ville, debiteur de pluſieurs ſommes con-
ſiderables par ſes promeſſes payables en temps de foire, qu'au
mépris de ces termes formels de cet Arreſt dudit Conſeil il
n'a pas fait ſcrupule de ſe tranſporter au domicile dudit failly, accompagné dudit Vidaud Subſtitut dudit Procureur General & de divers Procureurs poſtulans audit Siege, & de ſe
ſaiſir des livre, bilan & autres effets dudit failly, d'en faire
l'inventaire, & d'appoſer les ſeaux en ladite maiſon. A ces
cauſes, & que la ſurpriſe de cet Arreſt dudit Parlement dudit
jour 3. Septembre 1667. ne peut eſtre excuſée, puis que s'il
y a quelque choſe de veritable en ces abus & indeües exactions dont on a pretexté ledit Arreſt ; il eſt bien certain que
la connoiſſance n'en a pû & ne peut eſtre ravie auſdits Juges
Conſervateurs, comme établis en premiere inſtance Juges
naturels de la correction des malverſations des Officiers qui
leur ſont inferieurs & ſubalternes, de meſme que leſdits
Officiers dudit Preſidial le ſont de leurs Greffier & autres
Officiers & miniſtres de la juſtice dudit Siege, & par conſequent naturellement incompetans pour tout ce qui concerne
l'execution tant dudit Edit d'union que des Lettres patentes
de Sa Majeſté du 23. Mars 1657. qui ont fixé les droits dudit
Greffe, & en meſme temps étably les Juges Conſervateurs,
Juges des contraventions qui y pourroient eſtre faites : Qu'à
l'égard de ce fait, du commerce, negoce & ſocieté dudit
Dandré & ſes aſſociez, l'entrepriſe deſdits Officiers dudit
Preſidial ne peut éviter le reproche de la plus formelle contravention non ſeulement auſdits Edits, Declarations & autres
titres qui ont étably cette juriſdiction deſdits Conſervateurs ;
mais encore à cet Arreſt proviſionel dudit Conſeil qui les a
main

maintenus en cette connoissance du fait dudit commerce desdits Marchands & negocians en ladite Ville, & fait défenses aux parties de se pourvoir pour raison de ce ailleurs qu'audit Conseil, & qu'enfin Sa Majesté peut aisément juger la mesme chose du fait de la publication de cet autre Arrest dudit Parlement sur le fait desdites voitures, & de cette banqueroute dudit Mercier, dont les entreprises ne sont pas moins formellement prohibées ausdits Officiers dudit Presidial, & par lesdits Edits, Declarations & Reglemens, & par cet Arrest & Reglement provisionel de Sa Maiesté, de l'execution duquel il s'agit; Requeroient lesdits Supplians qu'il plûst à Sa Maiesté sans avoir égard ausdits Arrests dudit Parlement desdits iours 3. Septembre & 30. Decembre derniers 1667. & à tout ce qui s'en est ensuivy, ensemble audit Acte de publication faite en ladite Seneschaussée & Presidial, dudit iour 29. Novembre audit an, & enfin à l'apposition audit seellé, saisie & inventaire des effets de la banqueroute dudit Mercier qui seront cassez & annullez, & tout ce qui s'en est ensuivy: ordonner que les Commis au Greffe de ladite Conservation continuëront la perception de leurs droits suivant & ainsi qu'ils sont reglez tant par ledit Edit d'vnion que par les Lettres patentes de Sa Maiesté dudit iour 13. Mars 1657. aux restrictions portées par la nouvelle Ordonnance de Sa Maiesté, & en cas de contravention qu'il en sera informé par & de l'autorité desdits Iuges Conservateurs, & le procés par eux fait & parfait aux coupables suivant la rigueur des Ordonnances en premiere instance, & par appel audit Parlement de Paris: Comme aussi ordonner que les parties procederont sur le fait dudit commerce, negoce, & societé dudit Dandré & associez pardevant lesdits Iuges Conservateurs, qu'il sera procedé à la publication dudit Arrest & Reglement de lad. Cour sur le fait desdites voitures en ladite Conservation, pour y estre observé & executé selon sa forme & teneur; & au surplus incessamment procedé à l'apposition du seellé, inventaire & vente des effets dudit Mercier, circonstances & dépendances, par & de l'autorité desdits Iuges

Conser

Conservateurs, avec défenses auſdits Officiers dudit Preſidial de prendre plus avant aucune connoiſſance des faits ſuſdits, & autres dependans dudit commerce & negoce deſdits
Marchands & aux negocians dans ladite ville de Lyon ſous
le privilege des foires, & aux parties d'en faire aucunes pourſuites en ladite Seneſchauſſée & Preſidial ny ailleurs que pardevant leſdits Juges Conſervateurs à peine de nullité, caſſation
des procedures, trois mille livres d'amande, & de tous dépens,
dommages & intereſts. Ladite requeſte ſignée Chanu Advocat du Conſeil, Arreſt dudit Conſeil rendu ſur ladite requeſte
Sa Majeſte y eſtant le 17. May 1668. portant qu'aux fins d'i-
celle leſdits Officiers dudit Preſidial & autres qu'il appartiendroit, ſeroient aſſignez audit Conſeil au mois, pour, Parties
oüyes eſtre ordonné ce que de raiſon, & cependant ſans préjudice du droit deſdites parties au principal ordonne Sa Majeſté que les droits des expeditions des Sentences & autres
Actes de ladite Conſervation, ſeront pris & perceus ſuivant
& conformement auſdits Edits & Lettres patentes deſdis mois
de May 1655. & 13. May 1657. aux reſtrictions portées par la
nouvelle Ordonnance de Sa Majeſté, & en cas de contravention qu'il en ſera informé par leſdits Juges Conſervateurs pour
ce fait & rapporté audit Conſeil eſtre ordonné ce que de raiſon. Ordonne Sa Majeſté que la publication dudit Arreſt dudit Parlement en forme de Reglement ſur les voitures ſera faite en ladite Conſervation de Lyon pour y eſtre obſervé, ſelon
ſa forme & teneur, & cependant ſurcis pour le ſurplus à toutes
pourſuites audit Preſidial & en ladite Conſervation pour raiſon dudit negoce & ſocieté dudit Dandré & conſors & faillite
dudit Mercier, juſques à ce que par Sa Majeſté parties oüyes
en ait eſté autrement ordonné. Exploits de ſignification dudit
Arreſt à Maiſtre Matthieu de Seve Conſeiller de Sa Majeſté
en ſes Conſeils, Preſident & Lieutenant General en la Seneſchauſſée & Siege Preſidial de Lyon, & à Maiſtre Iean Vidaud
Procureur de Sa Majeſté en ladite Seneſchauſſée & Siege Preſidial tant en leurs noms que pour les autres Officiers de ladite Seneſchauſſée & Siege Preſidial, à la Communauté & Syn-

B   dics

dics des Procureurs de ladite Senefchauffée & Siege Prefidial,
à Maiftre Pierre Pilote Procureur és Cours de Lyon, à
Rigioly, Oudart Mercier Banquiers dudit Lyon, François du
Faure & Marie Bidaud, & affignatiõs à eux données audit Confeil pour y proceder en execution dudit Arreft les 30. May & 1.
du mois de Juin de ladite année 1668. Autre requefte prefentée
au Confeil par lefdits Prevoft des Marchands & Efchevins de
la ville de Lyon, Juges Confervateurs des privileges Royaux
des foires de ladite Ville, contenant qu'ils font en inftance audit Confeil contre les Officiers du Prefidial de ladite Ville
pour raifon du reglement general de leurs jurifdictions & attributions, en laquelle inftance il eft important & d'vne neceffité indifpenfable pour les Supplians de juftifier des Edits, Declarations, Arrefts & Reglemens, regiftres, & autres titres &
procés qui ont étably & de téps en temps confirmé cette jurifdiction tant defdits Juges Confervateurs que du Corps Confulaire de ladite Ville, à laquelle elle fe trouve prefentement unie,
la plufpart defquels titres & procés ont efté fucceffivement
tirez, empruntez, & mefme fouftraits des archives de ladite
Ville & Communauté, ou du Greffe de ladite Confervation,
par ceux qui ont paffé par les charges Confulaires de ladite Ville, & autres perfonnes de qualité qui les ont encore en leurs
mains, fans qu'il ait efté jufques à prefent au pouvoir des Supplians de recouvrer les preuves de cette fouftraction defdits titres, regiftres, & autres pieces, quelque recherche qu'ils en
ayent pû faire: Requeroient à ces caufes les Supplians qu'il plûft
à Sa Majefté ordonner, qu'à leur diligence il fera par le premier
Juge qu'il plaira à Sa Majefté de commettre à cét effet inceffamment informé, tant par titres que par témoins de ladite fouftraction, enlevement & retention defdits titres, regiftres, &
autres actes concernans ladite jurifdiction, tant de ladite Confervation que du Corps Confulaire de ladite Ville : permettre
à cét effet aufdits Supplians de faire publier Monitoire en forme de droit pour en avoir revelation ; pour ce fait, eftre lefdits
titres, regiftres & autres actes reprefentez & remis dans les archives de ladite Ville pour y avoir recours quand befoin feroit,

&

& à ce faire les detenteurs contraints fuivant & ainfi qu'il fera ordonné par ledit Commiffaire, auquel Sa Majefté entant que befoin fera attribuera toute jurifdiction & connoiffance , & icelle interdite à tous autres Juges ; & ordonner que l'Arreft qui interviendra fur la prefente requefte fera executé felon fa forme & teneur, nonobftant oppofitions ou appellations quelconques, dont fi aucunes interviennent, Sa Majefté s'en refervera à foy & à fondit Confeil la connoiffance , & icelle interdite à tous autres Cours & Juges : ladite requefte fignée Chanu Advocat au Confeil, au bas de laquelle eft l'Ordonnance dudit Confeil du 27. Juillet 1667. portant qu'elle feroit communiquée aufdits Officiers de ladite Senefchauffée & Siege Prefidial de Lyon , pour leur réponfe veuë dans trois jours eftre ordonné ce qu'il appartiendra. Signification de ladite requefte à l'Advocat defdits Officiers de ladite Senefchauffée à la requefte defdits Prevoft des Marchands & Efchevins de la ville de Lyon les dernier dudit mois de Iuillet , 1. & 2. Aouft fuivant de fournir leur réponfe à ladite requefte. Celle prefentée audit Confeil par Maiftres Paul Mafcranny , André Falconet, Eftienne Berton , Pierre Boiffe, & Antoine Blauf Prevoft des Marchands & Efchevins de la ville de Lyon, Juges, Gardiens & Confervateurs des privileges royaux des foires de ladite Ville , & Dominique de Pont-Saint-Pierre , Benoift Vacheron , Bernardin Reynon , Laurent Annillon , Nicolas Alexandre, & Jean-François Philibert Commiffaires nommez par Sa Majefté & par ladite Ville pour l'exercice de la Juftice en ladite jurifdiction defdits Juges Confervateurs conjointement avec lefdits fieurs Prevoft des Marchands & Efchevins, contenant que les diverfes entreprifes des Officiers de la Senefchauffée & Siege Prefidial de ladite Ville fur l'autorité & jurifdiction les plus legitimes des Supplians , & le confiderable prejudice qu'en fouffrent leurs compatriotes , & entr'autres au fait de leur commerce , ayant neceffité d'en faire leurs plaintes à Sa Majefté à ce qu'il luy plûft par fa juftice apporter pour toûjours vn remede à cet important & confiderable defordre, elle a par fon Arreft du 17. May dernier

nier

nier entr'autres chofes ordonné, qu'aux fins de la requefte defdits Supplians, les Officiers dudit Prefidial & autres qu'il appartiendroit, feroient affignez audit Confeil au mois, pour parties oüyes eftre ordonné ce que de raifon : La fignification duquel Arreft a tellement animé lefdits Officiers dudit Prefidial contre tout ce qui compofe le corps de ladite Ville & jurifdiction, qu'ils ne fe font pû empefcher de fignifier à chacun defdits Supplians divers actes par lefquels leur donnant de nouvelles marques de leur chagrin & animofité, ils ont pouffé leurs reffentimens jufques à l'extrémité de la prife à partie de chacun defdits Supplians dans leurs propres & privez noms, trouvans mefme à dire que l'Huiffier de ladite Confervation, porteur de cet Arreft dudit Confeil, euft ofé par fon exploit enjoindre à la requefte defdits Supplians à Maiftre Iean Vidaud Subftitut du Procureur General de Sa Majefté au Siege Prefidial & en ladite Confervation de conformement & au defir dudit Arreft faire proceder à la publication en ladite Confervation de l'Arreft dudit Parlement de Paris y mentionné concernant le fait des voitures : de forte que comme les Officiers dudit Prefidial ne fe contentent pas de regarder & traiter lefdits Supplians en cela comme leurs parties adverfes, non feulement en qualité de Prevoft des Marchands & Efchevins Juges Confervateurs & Commiffaires, & comme reveftus pour un temps de ces emplois & de ces charges publiques ; mais encore en leurs propres & privez noms : Il ne feroit pas jufte que pendant le cours de cette conteftation ces Officiers dudit Prefidial püffent eftre & demeurer Juges des caufes defdits Supplians, eux & leurs biens expofez & abandonnez à leur difcretion. Requeroient à ces caufes les Supplians qu'il plûft à Sa Majefté évoquer à foy & à fondit Confeil, tous chacuns les procés & differends civils & criminels meus & à mouvoir pour ou contre lefdits Mafcranny, Falconet, Berton, Boiffe, Blauf, Pont-Saint-Pierre, Vacheron, Reynon, Alexandre & Philibert : comme encore ceux des Secretaire, Greffiers, Huiffiers & autres Officiers, tant dudit Confulat que de ladite Confervation,

leurs

leurs peres & meres, freres & sœurs, enfans & domestiques,
& iceux avec leurs circonstances & dépendances renvoyer
en tel Presidial qu'il plaira à Sa Majesté, & faire défenses aux
Officiers dudit Presidial de Lyon d'en prendre plus avant
connoissance, & aux parties de faire aucunes poursuites audit Siege à peine de nullité, cassation de procedures & de
tous dépens dommages & interests, le tout jusques à ce qu'autrement par Sa Majesté en ait esté ordonné : ladite requeste
signée Chanu. Ensuite est l'Ordonnance du Conseil du 27.
Juillet 1668. portant qu'elle seroit communiquée ausdits Officiers du Presidial & Seneschaussée de Lyon pour leur réponse veuë dans trois jours estre ordonné ce qu'il appartiendroit, & la signification qui en a esté faite à l'Advocat desdits Officiers ledit jour 27. Iuillet. Trois sommations faites
ausdits Officiers de la Seneschaussée & Siege Presidial de fournir leur réponse à ladite requeste les dernier dudit mois de
Juillet, premier & deux Aoust suivant. Celle presentée audit
Conseil par lesdits Lieutenans General, Criminel, Particulier, Conseillers & Procureur de Sa Majesté, Juges & Ma-
gistrats en la Seneschaussée & Siege Presidial de Lyon, contenant que depuis l'assignation qui leur a esté donnée au
Conseil en consequence de l'Arrest qui y a esté obtenu sur
simple requeste le 17. May de la presente année par les Prevost des Marchands & Eschevins de ladite Ville de Lyon,
dans laquelle ils ont entrepris d'attaquer non seulement ce
qui est de la jurisdiction dudit Presidial sur diverses affaires
de tres-grande importance; mais encore l'honneur & la reputation des Officiers dont cette Compagnie considerable est
composée. Lesdits Prevost des Marchands & Eschevins en
leurs noms, & aussi les Commissaires nommez par Sa Majesté & par ladite Ville pour l'exercice de la justice en la jurisdiction des Juges Conservateurs conjointement avec lesdits Prevost des Marchands & Eschevins, ont donné deux
autres requestes signifiées à l'Advocat presenté pour les Supplians le mesme jour 27. Juillet dernier, l'vne tendante à ce
qu'il soit à la diligence desdits Prevost des Marchands & Es-

chevins

chevins informé de la fouftraction & enlevément des titres
concernans la jurifdiction de ladite Confervation , & l'autre
requefte conceuë aux noms propres tant defdits Prevoft des
Marchands & Efchevins que defdits Commiffaires nommez
pour exercer avec eux ladite jurifdiction de ladite Confervation , tendante à fin d'vne évocation generale de tous leurs
procés & differends civils & criminels, & de ceux des Secretaires , Greffiers & Huiffiers & autres Officiers, tant du Confulat que de ladite Confervation , & de leurs peres & meres,
freres & fœurs , enfans & domeftiques , & de renvoy d'iceux,
& de toutes leurs circonftances & dépendances en vn autre
Prefidial , & ce tant pour le temps qu'ils demeureront dans
lefdites Charges publiques , que pendant toute la durée dudit procés qu'ils ont introduit au Confeil contre lefdits Supplians , fur lefquelles requeftes lefdits Supplians auroient
beaucoup de reflexions & de réponfes à faire de la derniere
confequence , & notamment pour ce qui regarde le deffein
que cachent lefdits Prevoft des Marchands & Efchevins &
Thomas de Moulceau Commis au Greffe de ladite Confervation ; & qui toutefois fe découvre affez par lefdites dernie-
res requeftes auffi-bien que par l'introductive dudit procés
de fe fervir du prétexte de vouloir conferver ladite jurifdiction en la maniere qu'elle appartient au Corps de ladite
Ville pour l'engager dans ledit procés , dont ils fe propofent
par des motifs d'interefts particuliers & ruineux au bien
commun de ladite Ville , de longues fuites pour achever la
confommation qui eft commencée des deniers publics de
ladite Ville dans le temps que le ménagement en eft le
plus neceffaire. Et c'eft dans ce deffein que ledit de Moulceau s'eft fait députer, à ce qu'ont appris lefdits Supplians,
pour venir à la fuite du Confeil pour la pourfuite dudit procés qu'il a fufcité contre lefdits Supplians : Mais comme les
refolutions de leur Compagnie ne tendent au contraire qu'à
fe conferver ce qui appartient legitimement à fa jurifdiction
à en faire l'exercice avec honneur , à contribuer de tout leur
poffible à prévenir & empefcher la ruine dont ladite Ville eft
menacée,

menacée, par les engagemens extraordinaires, où l'ont plon-
gée les divers emprunts extraordinaires faits sans necessité &
les dépenses inutiles, & notamment les frais des frequentes
deputations qu'a affectées ledit de Moulceau pour son seul interest particulier, & trouver une ressource en ses affaires aprés
les avoir ruinées par le jeu & plusieurs autres folles dépenses;
Et que par l'Arrest general rendu au Conseil d'Estat le 18.
Juin dernier, Sa Majesté par vn effet de sa bonté pour le
maintien des Villes de son Royaume, sur la connoissance
qu'Elle a euë des abus qui s'y commettent, tant par l'introduction de plusieurs procés que par les frais des voyages & des
longs sejours que font pour leurs propres affaires les Maires
& Eschevins, Consuls & autres qui se meslent de l'administration des affaires publiques desdites Villes sous pretexte des
deputations qu'ils affectent pour la sollicitation desdits procés
qu'ils font naître, ou qu'ils suscitent aux corps desdites Villes, a ordonné qu'il ne pourra estre fait aucunes députa-
tions par les Villes & Communautez, qu'au prealable les Maires, Eschevins ou Consuls, n'en ayent fait connoistre les
raisons & le besoin aux Commissaires départis par Sa Majesté
dans les Provinces pour l'execution de ses ordres, & qu'iceux
ayent sur ce donné leur avis. Lesdits Supplians estiment que
Sa Majesté trouvera que l'execution de sa volonté portée par
ledit Arrest est d'autant plus necessaire au fait particulier, qu'ils
soûtiennent positivement, que ledit procés n'a esté conceu &
formé que par l'interest particulier du Prevost des Marchands
qui se trouve associé avec les Receueurs des Consignations de
ladite ville de Lyon qui ont fait faillite, & lequel a eu pour principal motif en l'introduction dudit procés au Conseil, d'oster
ausdits Supplians la connoissance de ladite faillite; & que ledit
de Moulceau n'a aussi pour but que d'augmenter les droits du
Greffe de la jurifdiction de ladite Conservation, dont il joüit
sans avoir payé aucune finance; quoy que l'acquisition en ait
coûté à ladite Ville il y a plus de quinze ans quarante-deux mille livres, & qu'ainsi il est tres-necessaire qu'avant toutes choses
les veritables motifs de cette deputation dudit de Moulceau

pour

pour la pourſuite dudit procés formé contre leſdits Supplians au Conſeil ſoient connus & examinez par le Commiſſaire déparry par Sa Majeſté en la Generalité de Lyon, à ce que Sa Majeſté en ſoit par ſon avis deuëment informée: A ces cauſes, il plûſt à Sa Majeſté, conformement audit Arreſt du Conſeil d'Eſtat du 18. Juin dernier, ordonner qu'avant qu'il ſoit fait aucunes procedures ſur ledit procés, & que leſdits Supplians ſoient obligez de fournir aucunes réponſes, ny défenſes ſur ladite requeſte introductive deſdits Prevoſt des Marchands & Eſchevins contenuë audit Arreſt du 17. May precedent, ny aux nouvelles requeſtes deſdits Prevoſt des Marchands, Eſchevins & Commiſſaires, du 27. Juillet dernier, leſdits Prevoſt des Marchands & Eſchevins ſeroient tenus de faire inceſſamment connoiſtre les raiſons & le beſoin de la députation dudit de Moulceau pour la pourſuite dudit procés introduit au Conſeil contre leſdits Supplians au nom deſdits Prevoſt des Marchands, & Eſchevins, au ſieur Commiſſaire départy par Sa Majeſté en ladite Generalité de Lyon pour l'execution de ſes ordres, & de rapporter ſur ce ſon avis au Conſeil entre les mains du Sieur Puſſort Conſeiller d'Eſtat ordinaire, pour iceluy veu eſtre par Sa Majeſté à ſon rapport ordonné ce qu'il appartiendra par raiſon au ſujet de la pourſuite dudit procés, & en ſuite y eſtre fourny & formé par leſdits Supplians toutes & telles défenſes & demandes qu'ils aviſeront bon eſtre : ladite requeſte ſignée Gualy Advocat au Conſeil. Au bas de laquelle eſt l'Ordonnance du Conſeil du 1. Aouſt 1668. portant qu'elle ſeroit communiquée auſdits Prevoſt des Marchands & Eſchevins de ladite ville de Lyon, pour leur réponſe veuë dans trois jours eſtre ordonné ce qu'il appartiendroit. Enſuite eſt la ſignification qui en a eſté faite à l'Aduocat deſdits Prevoſt des Marchands & Eſchevins le 2. dudit mois d'Aouſt. Réponſe deſdits Prevoſt des Marchands & Eſchevins de ladite ville de Lyon à ladite requeſte des Officiers dudit Preſidial, preſentée au Conſeil le 1. Aouſt dernier, ſignifiée le 3. deſdits mois & an. Autre réponſe deſdits Maſcranny, Falconet, Berton, Boiſſe, Blauf, Prevoſt des Marchands & Eſchevins de Lyon, & en cette qualité,

lité,

lité Juges, Gardiens, Conservateurs des privileges royaux des foires de ladite Ville, & lesdits de Pont-saint-Pierre, Vacheron-Reynon, Annisson, Alexandre & Philibert, Commissaires nommez par Sa Majesté, & par ladite Ville pour l'exercice de ladite jurisdiction des Juges Conservateurs conjointement avec lesdits Preuost des Marchands & Eschevins, à ladite requeste desdits Officiers du Presidial dudit jour 1. Aoust dernier, signifiée ledit jour 3. Aoust. Acte signifié à la requeste desdits Officiers de la Seneschaussée & Siege Presidial ausdits Prevost des Marchands & Eschevins de ladite ville de Lyon, & ausdits Commissaires nommez pour l'exercice de ladite jurisdiction de ladite Conservation le 8. dudit mois d'Aoust servant de replique à leurs réponses. Autre requeste presentée au Conseil par lesdits Prevost des Marchands & Eschevins de Lyon, contenant que Sa Majesté voulant avec plus de connoissance de cause arréter le cours & prévenir pour toûjours par vn bon & solemnel Reglement la continuation des entreprises des Officiers du Presidial de ladite Ville sur cette jurisdiction privative & privilegiée desdits Juges Conservateurs, & par ce moyen remedier au prejudice qu'en souffrent les Marchands de ladite Ville & autres qui y negocient sous les privileges desdites foires, elle rendit son Arrest le 21. May de l'année derniere 1667. portant entre autres choses que les titres concernans l'établissement & attribution de cette jurisdiction desdits Juges Conservateurs seroient incessamment apportez audit Conseil & mis entre les mains du sieur Pussort Conseiller de Sa Majesté en ses Conseils, pour ce fait & lesdits titres par luy veus & examinez, estre à son rapport par Sa Majesté en personne ordonné ce que de raison, & cependant que le jugement provisionnel rendu par le sieur Archevesque de ladite Ville entre les Supplians & ledit Presidial le 6. Mars precedant seroit executé selon sa forme & teneur, avec défenses ausdites parties de se pourvoir pour raison de ce ailleurs qu'audit Conseil jusques à ce que par Sa Maiesté en eust esté ordonné. Mais pendant que lesdits Supplians se sont mis en devoir de satisfaire en toute maniere audit Arrest, il n'y a point de moyens par lesquels lesdits Officiers dudit Presidial

C   n'ayent

n'ayent au mépris des expresses défenses y contenuës travaillé de tout leur pouvoir à se conserver par de nouvelles entreprises dans les mesmes vsurpations de cette legitime autorité desdits Juges Conservateurs. Ce qui a necessité lesdits Supplians d'en faire leur plainte à Sa Majesté par leur requeste expositive de ces diverses contraventions ainsi faites par lesdits Officiers aux défenses de Sa Majesté, tendante ladite requeste à la cassation de toutes les procedures attentatoires y mentionnées, & à ce qu'il pleust à Sa Majesté sans y avoir égard ordonner que les parties y dénommées procederont sur leurs procez & & differents dont est question pardevant lesdits Juges Conservateurs aux fins requises par ladite requeste sur laquelle sa Majesté a rendu son second Arrest le 17. May de la presente année 1668. portant entre autres choses qu'aux fins de ladite requeste lesdits Officiers dudit Presidial & autres qu'il appartiendroit, seroient assignés audit Conseil, pour parties oüyes estre ordonné ce que de raison. Ce qu'ayant esté executé, lesdites Parties ayant comparu à cette Assignation audit Conseil, il ne reste plus à cet égard ausdits Supplians que d'établir les fins & conclusions de cete requeste, par la remise des pieces & des titres qui luy servent de fondement és mains du sieur Pussort, pour en estre fait son rapport à Sa Majesté suivant & au desir dudit premier Arrest. Mais comme cette requeste desdits Supplians n'est dans la verité que de la moindre partie des chefs sur lesquels il écheoit de prononcer par l'Arrest de Reglement, par lequel Sa Majesté desire vne fois pour toutes oster pour l'avenir ausdits Officiers tous pretextes & toutes matieres à de nouvelles contentions de jurisdictions ; & qu'il est de l'interest de Sa Majesté & de celuy du public & des Supplians, qu'Elle ait la bonté de remedier à ce considerable desordre par l'Arrest contradictoire qu'Elle va prononcer sur ce differend desdites Parties. A CES CAVSES, & qu'il n'y a aucunes de ces entreprises dudit Presidial qui ne soient condamnées par la multiplicité des Edits, Ordonnances, Arrests & Reglemens qui ont étably cette jurisdiction desdits Juges Conservateurs de ladite Ville, pour la connoissance priuative de tout ce qui

concerne

concerne le fait du commerce des Marchands & negocians
dans ladite Ville fous les privileges defdites foires, & de toutes
fes circonftances & dépendances à l'exclufion dudit Prefidial
& de tous autres Juges, laquelle par vne confequence toute neceffaire appartient avec la mefme juftice aufdits Supplians
depuis qu'il a plû à Sa Majefté d'vnir cette jurifdiction defdits
Confervateurs au Corps Confulaire de ladite Ville, pour y
eftre adminiftrée fommairement & gratuitement. Et que fi
l'Edit de cette vnion du mois de May 1655. verifié & enregi-
ftré où befoin a efté, n'a pas eu tout le favorable fuccés que Sa
Majefté & fes fujets en avoient attendu à l'avantage du commerce de ladite Ville & par confequent du refte du Royaume, non feulement par la briéveté des procedures;mais encore par la diftribution gratuite de cette juftice aufdits Marchands & Negocians, il n'a pas efté au pouvoir des Supplians
de remedier à ce malheur, qui n'a eu de caufe principale que
celle de la jaloufie defdits Officiers dudit Prefidial & de leurs
entreprifes continuelles qui font naiftre journellement des conflicts entre deux Cours, dont les jufticiables fe trouvent par ce
moyen engagez en des longueurs & en des frais de pourfuites
& procedures tres-ruineux & tres-prejudiciables au bien de
leur commerce particulier & du general du Royaume. A quoy
contribuë beaucoup l'abus par lequel les charges du Subftitut
du Procureur General de Sa Majefté en l'vne & en l'autre defdites jurifdictions, ont depuis long-temps refidé en vne feule & mefme perfonne ; quoy que notoirement auffi incompa-
tibles que le font les fonctions des Procureurs poftulans pardevant lefdits Juges Confervateurs, qui font encore aujour-
d'huy exercées avec le mefme abus par les Procureurs poftulans audit Prefidial,aux fentimens duquel ils font trop infépara-
blement attachez non feulement par leur dépendance;mais encore par leur propre intereft,pour qu'ils fe foient pû difpéfer de
contribuer en toute rencontre à ces tranfports de jurifdiction
audit Prefidial ; quoy que notoirement incompetant de ces
fortes de connoiffances & attributions appartenantes aufdits
Juges Confervateurs, il pleuft à Sa Majefté, leur adjugeant les

C 2

fins

fins & conclufions de leurdite premiere requefte, ordonnerent en tant que befoin eft, que lesEdits, Declarations &Reglemens des mois de Mars 1462. Février 1514. & 1535. 19. Avril 1545. 18. Février 1578. Mars 1594. Decembre 1602. & May 1655. feront & demeureront executez felon leur forme & teneur : Ce faifant que conformément aufdits Edits, Declarations & Reglemens lefdits Juges Gardiens & Confervateurs des privileges des foires de ladite Ville, connoîtront privativement aufdits Officiers en la Senefchauffée & Siege Prefidial d'icelle & à tous autres Juges, de tous procés & differends meus & à mouvoir pour le fait du negoce & commerce de marchandifes, circonftances & dépendances, foit en temps de foire ou hors de foire, & tant en matiere civile que criminelle, entre Marchands & autres de quelque qualité & condition qu'ils foient : & en confequence auront la connoiffance privative de toutes promeffes, obligations, lettres de change, & autres actes & contracts faits & paffez entre Marchands tenans boutiques ou magafins, manufacturiers, & tous autres de quelque qualité & condition qu'ils foient pour le fait des marchandifes, negoces, manufactures, voitures, & negociations faites pour raifon defdites foires & marchandifes, circonftances, & dépendances ; mefme de toutes focietez, commiffions, trocs, changes, rechanges, virement de parties, bilans, courtages, & generalement de toutes autres affaires entre Marchands & Negocians, foit en gros foit en détail, & tous autres pour le fait dudit commerce & negoce en ladite Ville. Que lefdits Juges Gardiens & Confervateurs connoiftront auffi privativement aufdits Officiers de ladite Senefchauffée & Siege Prefidial & tous autres, de toutes lettres de répit, banqueroutes, faillites, & déconfitures de quelque nature qu'elles foient ; mefme en cas de fraude des faillits, procederont extraordinairement & criminellement contre lefdits faillits, aufquels & à leurs complices ils feront & parferont le procés fuivant la rigueur des Ordonnances, à l'exclufion de tous autres Juges. En cas defdites faillites & banqueroutes frauduleufes ou autres, lefdits Juges Confervateurs fe tranfporteront aux maifons

&

& domiciles defdits faillits, procederont à l'appofition des feellez , confection des inventaires , ventes judiciaires des meubles
& effets defdits faillits , & mefme de leurs immeubles par faifies, criées, certifications d'icelles , ventes & adjudications par
decrets ; enfemble à la diftribution des deniers en provenans
en la maniere accoûtumée , entre les oppofans & autres prétendans droits fur lefdits biens & effets , fans qu'aucuns d'eux
de quelque qualité & condition qu'ils foient fe puiffent pourvoir pour raifon de ce pardevant lefdits Officiers de ladite Senefchauffée & Siege Prefidial , ny ailleurs que pardevant lefdits Juges Confervateurs, fous prétexte de payement des loüages defdites maifons, gages des domeftiques , lettres de repy ,
privileges , droits de Committimus , incompetance , recufa-
tion , ou autrement en maniere qu'elle foit , à peine de nullité,
de trois mille livres d'amende , & de tous dépens , dommages
& interefts ; avec défenfes aufdits Officiers de ladite Senefchauffée & Siege Prefidial , & tous autres Juges , de prendre
connoiffance n'y s'entremettre en l'appofition defdits feellez ,
confection defdits inventaires , decrets, ventes & adjudications
defdits effets , meubles ou immeubles defdits faillits , directement ny indirectement , fous prétexte des certifications defdites criées , prévention ny autrement , fous les mefmes peines,
privation de leurs charges , & d'en répondre folidairement en
leurs propres & privez noms , ce qui fera pareillement obfervé contre les debiteurs non-faillits en execution des promeffes,
obligations , & autres actes & contracts procedans & conceus
pour fait dudit negoce & marchandifes, circonftances & de-
pendances , aux peines cy-deffus : Que lefdits Juges Confervateurs connoiftront de toutes les matieres fufdites , mefme
defdites manufactures & voitures, circonftances & dépendances , civilement & criminellement , fans qu'aucuns defdits
Marchands , Voituriers, & autres qui auront contracté lefdites obligations, promeffes , & autres actes & contracts pour
raifon des chofes & faits fufdits fe puiffent difpenfer de fubir
pour raifon de ce la jurifdiction defdits Juges-Confervateurs ,
ou fe pourvoir pardevant les Juges de leurs domiciles , ny autres

tres aufquels en tant que de befoin la connoiffance en fera interdite, fur les mefmes peines : Que les Sentences & Jugemens defdits Juges-Confervateurs feront par provifion executez au principal, nonobftant oppofitions ou appellations quelconques & fans prejudice d'icelles, au cas de l'appel, & ce en toute l'étenduë du Royaume, fans Vifa ny Pareatis, de mefme que fi lefdites Sentences & Jugemens eftoient feellez du grand feau de Sa Majefté; avec défences aux Officiers des Parlemens, Prefidiaux, Senefchauffées & Bailliages, & tous autres qu'il appartiendra, d'y apporter aucun empefchement, à peine de répondre en leurs propres & privez noms des fommes & chofes y contenuës, & de tous dépens, dommages & interefts des parties, au profit defquelles lefdites Sentences & Jugemens auront efté rendus : Que les Marchands & Negocians fous les privileges des foires notoirement folvables feront comme par le paffé receus pour cautions en execution defdites Sentences & Jugemens defdits Juges-Confervateurs, fans qu'ils foient ny puiffent eftre tenus de donner declaration & dénombrement de leurs biens meubles & immeubles, dont ils feront en tant que de befoin d'abondant & de nouueau difpenfez, nonobftant tous Edits, Ordonnances & Reglemens à ce contraires : Que tres-expreffes inhibitions & défenfes feront faites aufdits Officiers dudit Prefidial & tous autres Juges de plus à l'avenir prononcer par leurs Sentences & Ordonnances en faveur de leurs jufticiables par contrainte par corps & execution provifionnelle de leurfdites Sentences & Ordonnances, conformement aux rigueurs de ladite Confervation, à peine de faux, trois mille livres d'amende, interdiction de leurs charges, & de tous dépens, dommages & interefts des parties contre chacun des contrevenans;au payement defquelles fommes en cas de contravention ils feront folidairement contraints comme pour deniers royaux en vertu de l'Arreft qui interviendra fur la prefente requefte, & fans qu'il foit befoin d'autre : Qu'à l'avenir lefdits Juges-Confervateurs connoiftront de toutes les matieres fufdites & autres dépendantes de leur jurifdiction jufques à la fomme de cinq cens livres fouverainement

verainement & en dernier reſſort, conformément à ce qui ſe
pratique dans la juſtice des Juges-Conſuls de la ville de Paris :
auquel effet Sa Majeſté leur attribuëra toute juriſdiction &
connoiſſance, pour eſtre les Sentences & Jugemens de cette
qualité executez ſelon leur forme & teneur, comme Arreſts
de Cour ſouveraine : avec défenſes aux parties de ſe pourvoir
au Parlement de Paris contre leſdites Sentences & Jugemens
par appel ou autrement, & à ladite Cour & tous autres Juges
d'en connoiſtre, aux peines cy-deſſus : Que ledit Subſtitut du
Procureur General de Sa Majeſté en ladite Seneſchauſſée &
Siege Preſidial, pourveu de la meſme charge en ladite Conſervation, ſera tenu d'opter dans un mois pour tout delay, laquelle de ces deux charges il entend exercer à l'avenir, & en
conſequence ſe défaire de l'autre un mois aprés ; autrement
& à faute par luy de ce faire dans ledit temps, & iceluy paſſé,
celle de Subſtitut en ladite Conſervation ſera & demeurera
declarée vacante & impetrable aux parties caſuelles de Sa
Majeſté, & défenſes à luy faites de s'en entremettre ny d'en
faire aucune fonction à peine de faux, ſix mille livres d'amende, & de la perte de ſondit Office de Subſtitut du ſieur Procureur General en ladite Seneſchauſſée & Siege Preſidial :
Qu'à l'avenir il ſera par leſdits Supplians choiſi & nommé tel
nombre de Procureurs poſtulans qu'ils jugeront neceſſaire
pour occuper & poſtuler pardevant eux privativement & à
l'excluſion de tous autres, à la charge par leſdits Procureurs
nommez de ne pouvoir poſtuler ny occuper en aucune autre
juriſdiction de ladite Ville, dont ils feront leurs ſoûmiſſions &
ſerment és mains des Supplians ſous telles peines qu'il ſera par
eux aviſé, avec défenſes aux autres Procureurs poſtulans en
ladite Seneſchauſſée & Siege Preſidial de ladite Ville de s'entremettre en ce fait & fonctions deſdites charges, & d'occuper pardevant leſdits Juges Conſervateurs, aux peines cy-deſſus & de plus grande s'il y écheoit. Que tres-expreſſes défenſes feront faites auſdits Officiers de ladite Seneſchauſſée & Siege Preſidial qui ſe trouveront dans l'exercice de cette juriſdiction deſdits Juges Conſervateurs, ſoit comme Prevoſt des
Marchands

Marchands ou Eſchevins de ladite Ville, ſoit comme vicege-
rans, conformement audit Edit d'vnion, ᵈe prononcer ou ordonner aucun renvoy audit Preſidial ny ailleurs d'aucunes matieres & cauſes cy-deſſus, & autres dépendantes de la juriſdiction deſdits Juges Conſervateurs à peine de nullité, quinze
cens livres d'amende, & de répondre en leurs propres & privez noms des dépens dommages & intereſts des parties : Et en
cas de contravention par leſdits Officiers dudit Preſidial, il ſera
par leſdits Supplians dés l'inſtant qu'il leur en ſera apparû, ou à
la premiere requiſition de l'Advocat & Procureur de ladite
Ville & Communauté ou de l'vne des parties, inceſſamment
par leſdits Supplians procedé au choix & nomination d'un autre Officier Advocat ou gradué au lieu & place dudit Officier
dudit Siege, auquel audit cas défenſes feront faites de s'entremettre en l'exercice de ladite juriſdiction deſdits Juges Conſervateurs, & y troubler celuy qui aura à cet effet eſté nommé
par leſdits Supplians ſur les meſmes peines. Et fera ledit Officier Advocat ou Gradué leſdites inſtructions & prononciations
de meſme que les Officiers dudit Siege dans ladite juriſdiction
de la Conſervation, ſans toutefois que les vns ny les autres
puiſſent prétendre la préſeance ſur le Prevoſt des Marchands,
lequel meſme n'eſtant Gradué tiendra le premier rang & ſean-
ce, à la forme des Baillifs & Seneſchaux dans les Bailliages &
Seneſchauſſées, à la maniere accoûtumée dans ladite Conſervation : Que les empriſonnez de l'autorité deſdits Supplians,
feront mis, détenus & gardez dans les priſons qui feront inceſſamment établies à cet effet dans l'Hoſtel commun de ladite
Ville capables & ſuffiſantes pour la détention deſdits priſon-
niers, ſuivant & conformément à l'Arreſt dudit Conſeil du
28. Novembre 1641. qui ſera executé ſelon ſa forme & teneur:
Enjoint aux ſieurs Gouverneur & Lieutenant General pour Sa
Majeſté en ladite Ville, & tous autres leurs Officiers qu'il appartiendra, de tenir & preſter main-forte à l'execution de l'Arreſt & Reglement qui interviendra, qui ſera executé ſelon ſa
forme & teneur, leu, publié & affiché par tout où befoin ſera;
& à cet effet toutes Lettres à ce neceſſaires expediées auſdits
Supplians.

Supplians. Et pour l'attentat, le trouble & les contraventions commifes par lefdits Officiers dudit Prefidial aux fufdits Edits, Declarations & Reglemens, & l'indeuë vexation, les condamner folidairement en fix mille livres d'amende, en tous les dépens, dommages & interefts foufferts & à fouffrir pour raifon de ce par lefdits Supplians, & en ceux de l'inftance. Ladite requefte fignée Chanu Advocat au Confeil. Au bas eft l'Ordonnance du Confeil du 4. Aouft 1668. portant qu'elle feroit communiquée aufdits Officiers & autres parties de l'inftance, pour leur réponfe veuë eftre par le Roy dans huitaine ordonné ce que de raifon. Enfuite font les fignifications qui en ont efté faites aux Advocats de toutes les parties les 4. & 6. dudit mois d'Aouft. Autre requefte prefentée au Confeil par les Prefidens, Lieutenans General, Criminel, Particulier, Confeillers, Procureur de Sa Majefté, Juges & Magiftrats en ladite Senefchauffée & Siege Prefidial de Lyon, tendante à ce qu'il pleuft à Sa Majefté leur donner acte de ce que pour réponfe aufdites deux requeftes prefentées au nom defdits Prevoft des Marchands & Efchevins & Commiffaires de ladite Jurifdiction de la Confervation du 27. Juillet dernier, ils employoient le contenu en la prefente requefte, comme auffi de ce que lefdits Supplians n'empefchent, au contraire ils requierent la recherche des titres de ladite jurifdiction de la Confervation des foires de Lyon par toutes voyes, & qu'il plaife à fa Majefté debouter lefdits Prevoft des Marchands & Efchevins de leurdite demande à fin d'évocation generale, & du moins en cas que fa Majefté veüille la leur accorder en quelque maniere, ordonner que lefdits Supplians en joüiront tout de mefme pour tous leurs procés & ceux de leurs familles meus & à mouvoir en ladite jurifdiction de ladite Confervation; ladite requefte fignée De Seve & Gualy Advocat au Confeil : au bas de laquelle eft l'Ordonnance du Confeil du 17. Aouft dernier, portant qu'elle feroit communiquée aufdits Prevoft des Marchands & Efchevins de la ville de Lyon & Commiffaires nommez pour l'exercice de la juftice dans ladite jurifdiction, pour leur réponfe veuë dans trois jours eftre ordonné ce que de raifon.

D

Enfuite

Enſuite eſt la ſignification qui en a eſté faite à l'Advocat deſdits Prevoſt des Marchands & Eſchevins & Commiſſaires
nommez pour l'exercice de la juſtice pour ladite juriſdiction
ledit jour 17. Aouſt. Réponſe deſdits ſieurs Prevoſt des Marchands & Eſchevins de ladite ville de Lyon , & Commiſſaires
nommez pour l'exercice de ladite juriſdiction de la Conſervation des privileges des foires de ladite Ville à ladite requeſte
deſdits Officiers de ladite Seneſchauſſée & Siege Preſidial de
Lyon dudit jour 17. Aouſt. Enſuite eſt la ſignification qui en
a eſté faite auſdits Officiers le 23. dud. mois d'Aouſt. Autre
requeſte deſdits Officiers contenant qu'il eſt formellement deſ-
nié qu'ils ruinent par leurs entrepriſes les juſticiables en les
obligeant à ſoûtenir des conflicts : qu'on met en fait & qu'il
ſera verifié que depuis plus de ſoixante ans il n'y a eu aucun
conflict entre les juſticiables , ny procés en reglement entre
leſdits Officiers & leſdits Juges Conſervateurs, qu'il parut ſeulement la derniere année vne conteſtation pour raiſon de la
banqueroute du nommé Girard Teinturier , qui fut terminée
par l'accommodement fait par Monſieur l'Archeveſque de
Lyon, approuvé & homologué par Arreſt du Conſeil, qui donne tout l'avantage au Preſidial. Car ce juſticiable luy eſt délaiſſé,
l'appoſition du ſeellé & inventaire fait de quelques meubles fut
confirmée par ce jugement, qui eſt vne loy à laquelle il n'eſt pas
permis de contrevenir, en laiſſant au Conſervateur la connoiſſance des marchandiſes qui ne regarderont pas le meſtier dudit Girard ; il a eſté étably que tout homme qui fait faillite &
banqueroute n'eſt pas de la juriſdiction du Conſervateur ; puis
qu'il eſt reglé ſpecifiquement que pour fonder la competance
des Conſervateurs , ce n'eſt pas aſſez qu'vn particulier achete
& vende des marchandiſes & qu'il prenne meſme qualité de
Marchand, il faut qu'il tienne des livres de raiſon & qu'il porte
bilan : & cette reſtriction tres-judicieuſe empeſche la confuſion
& conſerve à chaque juriſdiction ce qui luy appartient naturellement, veu qu'il n'y a point d'Artiſan de la derniere & de
la plus baſſe eſpece qui ne ſe diſe Marchand Serrurier , Marchand Cordonnier, &c. Mais qu'il ne faut pas chercher des
raiſons

raiſons dans le deſſein que ſont paroiſtre les Prevoſt des Marchands & Eſchevins, qu'il leur eſt permis de tout oſer & de tout entreprendre & qu'ils l'ont fait ſans contredit juſques icy : que par prudence on ne s'y eſt pas oppoſé,& que cette complaiſance qui a ſes raiſons les porte à ſe croire tellement au deſſus de ce qui a eſté jugé contre eux, que depuis cet accommodement homologué, on juſtifiera d'vn nombre infiny de Sentences par leſquelles ils y ont contrevenu. Que ſur le ſecond moyen concernant le bien & les avantages prétendus du negoce qui ſouffriroit notablement ſi on n'accordoit pas aux Juges Conſervateurs ce qu'ils demandent, on ſoûtient que c'eſt vn abus de s'imaginer que ce ſoit vn ſoulagement aux Marchands d'eſtre jugez par d'autres Marchands, qu'il ne faut pour cela que lire le plaidoyé d'Anne Robert ſur cette matiere. Que ce n'eſt pas pourtant qu'on veüille donner atteinte à cette juriſdiction, car elle eſt établie il y a long-temps ; Mais qu'elle doit eſtre renfermée dans ſes limites. Qu'anciennement le Garde Chancelier & Juge des Marchands prononçoit *de plano* ſur le dire des parties, meſme ſans miniſtere de Procureur, ſans écritures d'Advocats, & ſimplement ſur les comptes & livres des Marchands. Les Etrangers n'eſtoient pas obligez de ſe conſommer par les frais d'vn long ſejour comme ils ſont à preſent, attendant le jugement d'vn procés inſtruit par les chicanes du Palais,& que le Marchand qui eſt Juge pour deux ans ſeulemét n'entend pas & ne peut pas développer. Qu'ainſi il ne faut pas argumenter ſur l'innocence & pureté de la premiere inſtitution pour en tirer des conſequences à la faveur du negoce,à cauſe de l'incapacité qui ſe trouve introduite dans cette juriſdiction depuis l'Edit qui la réünit au Corps Conſulaire. Mais que paſſant plus avant on ſoûtient que le Corps de Ville ſeul ruine le commerce & opprime les Marchands ; car rien ne fait valoir le negoce que l'abondance & le débit des marchandiſes : & il n'eſt rien de ſi oppoſé à l'vn & à l'autre que l'impoſition dont les marchandiſes ſe trouvent chargées. Et cõme le Corps de Ville a donné lieu à ces impoſitions ſi grandes & ſi ruineuſes qu'elles augmentent certaines marchandiſes de quinze à vingt pour

D 2   cent ;

cent ; il eſt contre verité de dire que le negoce ſoit ſoulagé par les ſoins & l'application du Corps de Ville. Qu'avant les impoſitions du tiers ſur taux & du quarantiéme, il paſſoit à Lyon plus de cent mille balles de marchandiſes qu'on n'y voit plus, & que maintenant la pluſpart s'en vont par le Détroit & les autres remontent par le Rhin : & qu'ainſi elles ſe répandent dans toute l'Europe ſans que la ville de Lyon & le Reſte du Royaume en tirent les avantages qu'ils en recevoient autrefois. Qu'ils ſoûtiennent qu'ils n'ont jamais pris connoiſſance que des affaires de leur competance qui leur ont eſté portées volontairement par les parties, ſans que l'on puiſſe juſtifier ny cotter vne ſeule cauſe qui ait eſté oſtée aux Juges Conſervateurs. Celles de Dandré & de Mercier qui ſont les ſeules qu'ils ont pû propoſer, n'eſtant aucunement de leur competance comme l'on fera voir dans la ſuite. Que ces termes d'artifice & d'vſurpation témoignent beaucoup de chaleur & d'emportement de la part deſdits Prevoſt des Marchands & Eſchevins; mais qu'on ne veut pas s'y arreſter pour ne pas tomber dans le meſme défaut : & qu'on ſe contentera ſeulement de dire qu'il n'y a rien d'étably de ce qu'on veut impoſer auſdits Officiers, & de remarquer que l'Arreſt du 21. May 1667. ne leur fait d'autres défenſes que de ſe pourvoir ailleurs qu'au Conſeil; à quoy il n'a point eſté contrevenu de leur part, ainſi qu'ils le ſoûtiennent : & que leſdits Prevoſt des Marchands & Eſchevins ne ſçauroient montrer le contraire. Que le fait avancé au quatriéme chef des allegations deſdits Prevoſt des Marchands & Eſchevins eſt contraire à la verité, qu'il eſt dénué de toute ſorte de preuve & qu'on le ſoûtient fauſſement & calomnieuſement inventé contre des Officiers de judicature dont la reputation eſt entiere & ſuffiſamment établie: ce qui leur fait eſperer vne réparation proportionnée à l'injure qui eſt d'autant plus atroce, qu'elle attaque leſdits Officiers dans ce qui leur eſt de plus ſenſible & de plus important; & qu'ils doivent d'autant moins ſouffrir qu'ils ſeroient indignes du caractere qu'ils ont l'honneur de porter, s'ils auoient eſté capables de commettre vne action de cette qualité. Que cette multiplicité d'injures & de calomnies pourroit eſtre repouſſée

pouſſée par des veritez qui ne ſeroient pas avantageuſes auſdits Prevoſt des Marchands & Eſchevins;mais qu'on veut éviter le reproche de ce mauvais enfant qui découvrit la hon-
te de ſon pere,& ne pas pecher par exemple. Qu'on ſe contentera de faire obſerver que par cette maniere d'agir les Prevoſt
des Marchands & Eſchevins témoignent la foibleſſe de leur
cauſe, & le peu de raiſon qù'ils ont d'attaquer leſdits Officiers qui n'employeront pour ſe juſtifier de la ſedition qu'on
leur impoſe que les actes meſmes deſquels elle eſt prétextée:
que ce ſont de ſimples ſommations conceuës en termes fort
honneſtes qu'on fut obligé de faire imprimer, pour deſabuſer
& détruire les fauſſes impreſſions que l'on avoit voulu donner
à tous les habitans de la conduite deſdits Officiers. Que le
premier chef des prétentions & demandes des Prevoſt des Marchands & Eſchevins contenuës dans la requeſte ſur laquelle
l'Arreſt du 17. May a eſté rendu, regarde principalement l'intereſt de tous les habitans ; & qu'il ſemble que ce n'eſt pas avec
leſdits Officiers que la caſſation de l'Arreſt du 3. Septembre
1667. devroit eſtre demandée. Qu'il leur importe peu hors le zele qu'ils ont pour le bien public, que celuy qui exerce le Greffe de la Conſervation continuë d'exiger des droits exceſſifs &
contre l'Edit meſme qui a uny cette juriſdiction au Corps Conſulaire : ſi bien qu'ils ne traiteront ce chef que pour le ſoulagement des pauvres plaideurs, & pour lever les impreſſions que
l'on a voulu faire naiſtre ſur ce point : Et que pour cet effet on
remarquera que par cet Edit d'union les droits du Greffe qui
fut acquis par le Corps de Ville des deniers publics quarante-
deux mille livres, ayant eſté reglez à deux ſols ſix deniers par
roolle, Thomas de Moulceau à qui la commiſſion en fut accordée gratuitement parut s'en contenter pendant deux années,
aprés leſquelles ſe trouvant reduit par les pertes qu'il avoit faites au jeu à ſouffrir vne ſeparation de biens d'avec ſa femme,
& voulant ſe rétablir, il ſurprit ſur vn faux expoſé des Lettres patentes en 1657. avec attribution de nouueaux droicts:
mais il n'oſa pas les preſenter à la Conſervation pour les faire
enregiſtrer, à cauſe de l'oppoſition qui en fut formée par les

D 3 prin

principaux negocians de ladite Ville : nonobſtant laquelle il ne laiſſa pas, ſe prevalant de la complaiſance des Prevoſt des Marchands & Eſchevins, d'exiger des droits beaucoup au-de-là de ceux qui avoient eſté reglez par l'Edit, dont Monſieur Nau Conſeiller du Parlement de Paris & Commiſſaire député par Sa Majeſté en 1666. pour l'execution des Arreſts de la Cour des Grands-Jours dans les Provinces de Lyonnois, Fo-reſts, Beaujollois & Maſconnois ayant eſté informé,& dreſſé ſon procés verbal, il intervint au Parlement le 3. Septembre 1667. ſur le requiſitoire de Monſieur le Procureur General Arreſt contenant défenſes audit de Moulceau de prendre d'autres droits, ſalaires & vacations que les deux ſols ſix de-niers pour roolle,à la forme de l'Edit,à peine de concuſſion ; & qu'en cas de contravention il en ſeroit informé par le premier des Conſeillers du Parlement trouvé ſur les lieux, ſinon par le Lieutenant General ou particulier:Et bien qu'aprés cét Arreſt il ſemble inutile de repliquer à ce qui a eſté dit par leſdits Pre-voſt des Marchands & Eſchevins |contre cette commiſſion; neanmoins on peut remarquer que regulierement le Parle-ment & les autres Cours ſouveraines ne commettent que les Juges ordinaires pour l'execution de leurs Arreſts , & preſque toûjours les Lieutenans Generaux des Sieges:& que le Parle-ment a eu d'autant plus de raiſon de commettre celuy de Lyon en ce rencontre ,qu'il eſt le Juge-né des comptes du pa-trimoine de la Ville par l'Ordonnance d'Orleans,dont le Gref-fe,comme l'on l'a remarqué cy-devant, devroit faire vne bon-ne partie,ayant eſté acquis des deniers publics au prix de qua-rante-deux mille livres,qui eſt encore vn moyen pour exclu-re leſdits Prevoſt des Marchands & Eſchevins de cette con-noiſſance , parce qu'ils ſeroient Juges en leur propre cauſe, ayans intereſt que ledit Greffe dont ils peuuent compoſer vne ferme quand il leur plaira, produiſe des émolumens conſide-rables, outre qu'on ne doit point attendre deſdits Prevoſt des Marchands & Eſchevins qu'ils repriment vn abus qu'ils ont introduit & toleré juſques icy à la foule des pauvres plaideurs, & qu'ils autoriſent encore par la demande qu'ils ont faite par

leur

leur requeſte ſur laquelle eſt intervenu ledit Arreſt du 17.May Mais quoy qu'il en ſoit,leſdits Officiers n'ont jamais recherché ladite commiſſion : qu'ils n'y ſçauroient rencontrer d'autres avantages que de ſoulager les pauvres plaideurs,dont ils ſe rapportent à la bonté & à la Juſtice de ſa Majeſté, qui remarquera ſans doute que de tous les chefs de ladite requeſte deſdits Prevoſt des Marchands & Eſchevins, il n'y en a de jugé par ledit Arreſt du 17. May que celuy ſeul qui regarde l'augmentation des droits dudit Greffe, permettant de les exiger conformément aux Lettres patentes de 1657. Et en cela l'Edit de 1655. ſe trouue caſſé à la pourſuite deſdits Prevoſt des Marchands & Eſchevins en faveur d'vn particulier & au prejudice du public, & partant contre le devoir de leurs charges : Que le ſecond chef des demandes deſdits Prevoſt des Marchands & Eſchevins concernant l'affaire du nommé Dandré & autres Affineurs n'eſt pas beaucoup important en ſa matiere, ne s'agiſſant que de ſçauoir qui connoiſtra d'vn differend entre quelques particuliers;mais qu'il l'eſt par les ſuites & les conſequences, parce que ſi ſous prétexte de ſocieté la competance des Juges Conſervateurs pouvoit eſtre fondée, elle le ſeroit preſque ſur toutes ſortes de perſonnes, eſtant certain qu'il y a des ſocietez contractées entre Officiers, Bourgeois, Fermiers, Artiſans, & autres pour des affaires particulieres : & qu'il eſt inoüy que le Conſervateur puiſſe connoiſtre des differends qui en procedent,que l'action qui vient de ce contract eſt purement perſonnelle ſuivant les Loix, & ne peut eſtre formée que pardevant le Juge naturel, & nullement pardevant vn Juge extraordinaire comme le Conſervateur qui n'a que la ſimple faculté de juger entre certaines perſonnes & en certain cas, c'eſt à dire entre Marchands frequentans les foires & pour fait de marchandiſes livrées & payables en foires, en ſorte que Dandré,Collemieu,Clozet, Lagier,& Petit,entre leſquels eſt le procez, n'eſtans aucunement negocians ſous les privileges des foires ny portans bilan,leur ſocieté pour les comptes de laquelle ils ſe ſont pourveus au Preſidial dés le mois de Novembre dernier n'eſtant point pour fait de negoce, mais pour ſimple
travail

travail d'affinage entre artifans, les differends qui en procedent ne peuvent jamais eftre de la competance des Conferuateurs, & doiuent eftre traitez pardeuant les Officiers du Prefidial , nonobftant l'entreprife du Commiffaire des Monnoyes qui en la mefme affaire a rendu des Ordonnances portant défenfes de fe pourvoir ailleurs que pardeuant luy, fous de tres-grandes peines , bien qu'il ne s'agiffe ny du fin ny du faux : & là-deffus on a efté obligé de remarquer que lefdits Prevoft des Marchands & Efchevins n'ont point reclamé de cette entreprife, qu'ils n'ont pas interdit les Procureurs qui ont occupé en ce fait à la Monnoye , & que par vn procedé bien étrange ils ont d'abord fans connoiffance de caufe , fans partie requerante , prononcé interdiction contre l'vn des Procureurs dudit Prefidial , feulement parce qu'il avoit figné la requefte prefentée audit Siege par lefdits Dandré & Collemieu , & cela mefme fans mander ny ouïr ledit Procureur, & en vn mot fans aucune forme & contre toutes les regles; & que s'ils n'en ont pas ainfi vfé contre ceux qui fe font pourveus au Commiffaire des Monnoyes, c'eft qu'ils n'ont pas contre fa jurifdiction la mefme animofité que côtre celle du Prefidial, & qu'ils font d'autant moins excufables de cette violence, que le mefme Procureur occupant pour ledit Dandré en la Confervation, & propofant fon declinatoire fur fa qualité d'Affineur , il fut renvoyé au Siege par Sentence du mois de Novembre 1665. Ce que lefdits Officiers s'employent favorablement pour eux , & efperent que fans s'arréter à vn Arreft du Confeil du 22. Decembre 1667. rendu fans partie requerante & fans examiner le fonds en faveur du Commiffaire des Monnoyes contre vn autre Arreft du Parlement de Paris rendu avec connoiffance de caufe, Monfieur le Procureur General oüy; cette affaire leur fera renvoyée, la connoiffance de laquelle ils ont fi peu affectée , qu'on ne trouvera pas qu'ils ayent fait aucune demarche pour fe la conferver, laiffant agir les parties & n'ayant jamais voulu former de plaintes ny au Confeil ny ailleurs de la diftraction de leur jurifdiction : Mais puis qu'on en a fait vn chef de demande de la part defdits Prevoft des Marchands & Efchevins, il eft bien

jufte

jufte qu'ils tâchent de conferver ce qui leur appartient legitimement : Qu'il ne fe trouvera pas que cet Arreft du 21. May
parle des voitures en aucune maniere, ny qu'il contienne aucunes défenfes finon aux parties de fe pourvoir ailleurs qu'au
Confeil, & qu'on ne trouvera pas non plus que lefdits Officiers y ayent efté affignez, ny qu'ils fe foient pourveus pour ce
fait ny pour aucun autre : mais ils foûtiennent contre la prétention defdits Prevoft des Marchands & Efchevins, que les
caufes des voitures font de leur competance, & ne leur peuvent eftre oftées : & cela pour plufieurs raifons. La premiere,
que ce font fimples falaires qui fe demandent par l'action que
les Loix appellent *ex locato & conducto*, & que cette action eft
purement perfonnelle, & ne peut eftre formée que pardevant
les Juges naturels de ceux par qui ces falaires font deus, foit
que ce foient Marchands ou autres : Qu'il eft trivial par les
propres titres des Prevoft des Marchands & Efchevins, que le
Marchand n'eft jufticiable du Confervateur que dans les trois
cas cy-deffus remarquez, pour marchandifes livrées & payables en foires, & qu'il faut que ces trois circonftances concourent, l'vne d'icelles ne pouvant pas établir la competance du
Confervateur fans eftre accompagnée & jointe aux deux autres, fuivant les Edits de l'établiffement de la jurifdiction de la
Confervation, les Arrefts du Parlement de Paris, l'vfage & le
fentiment des Docteurs, & fuivant l'accommodement fait par
Monfieur l'Archevêque de Lyon, homologué par l'Arreft du
21. May 1667. Que la feconde raifon refulte de la modicité
des fommes qui font demandées par les voituriers, lefquelles
ordinairement n'excedent pas le premier ou fecond chef de
l'Edit des Prefidiaux;en forte que c'eft vn degré de jurifdiction
évité aux pauvres voituriers & beaucoup de frais, foit de fe-
jour ou autres, dont ils fe trouveroient accablez s'ils eftoient
obligez d'aller en premiere inftance à la Confervation,& pourfuivre enfuite les appellations au Prefidial. La troifiéme que
lefdits voituriers ont juftice plus prompte & autant gratuite au
Siege qu'à la Confervation ; car lefdits Officiers du Prefidial
tiennent fix Audiances la femaine où fe vuident toutes ces for-

E   tes

tes de caufes fans frais, & lefdits Juges Confervateurs n'en ont que deux & bien fouvent qu'vne feule. Et pour quatriéme & derniere raifon lefdits Officiers foûtiennent qu'ils font en pof-feffion immemoriale de connoiftre de ce fait, & qu'ils l'éta-bliront par plus de deux cens jugemens s'il eft neceffaire, fans que jamais les Juges Confervateurs le leur ayent difputé : au contraire, quelques parties ayant decliné pardevant eux en cette matiere, ils les ont renvoyez par Sentences des années 1659. & 1667. ce qui a efté auffi autorifé par divers Arrefts, entre autres celuy du Confeil du 29. Aouft 1665. où vn diffe-rend entre Voituriers & Marchands fut renvoyé au Siege. Qu'à l'égard du chef concernant la faillite d'Oudart Mercier, lefdits Prevoft des Marchands & Efchevins fuppofent contre verité ledit Mercier eftre Marchand negociant portant bilan, & ne difent pas qu'il eft proprietaire des Charges des Receveurs des Confignations en ladite Senefchauffée & Prefidial, exercées par Jean Baptifte fon fils jufques à leur retraite arrivée le 16. Mars dernier, lors de laquelle & le 20. du mefme mois le Lieu-tenant General qui n'en eut pas la connoiffance plûtoft avec le Procureur du Roy fur la requifition de Marie Bidaud crean-ciere defdites Confignations, fe tranfporta au domicile des faillis & dans leur appartement qu'occupoit le fils qui feul pa-roiffoit dans l'exercice defdites Charges, & dont les effets fu-rent mis en feureté fans toucher à ceux du pere ; parce qu'a-lors on ignoroit que celuy-cy euft aucune part dans la recepte. Mais le lendemain les contracts d'acquifition defdits Offices ayant efté reprefentez & inventoriez, & par iceux eftant ap-paru que le pere eftoit proprietaire defdites Charges auffi-bien que le fils, les effets de celuy-là furent pareillement mis fous le feellé & depuis compris dans l'inventaire, où le premier jour feulement le fieur du Faure qui avoit efté precedemmét Rece-veur des Confignations affifta, comme fe pretendant creancier de notables fommes : & qu'ayant remarqué qu'il y avoit plu-fieurs pieces qui pouvoient établir fa participation & celle du fieur Mafcranny de la Verriere Prevoft des Marchands dans les Confignations, il ne voulut plus paroître ; mais tant luy que le

fieur

fieur de la Verriere pour tâcher d'arrefter le cours de la procedure dudit Lieutenant General, & empefcher les éclaircif-
femens que les creanciers en pouvoient tirer contre eux, s'ad-
viferent de faire naiftre vn conflict. Et pour cela fur la requifition dudit fieur de la Verriere envoyerent le 24. le fieur
Berton l'vn des Efchevins & Juge Conferuateur au domicile
defdits mercier, fous prétexte d'vne promeffe qu'il avoit dudit Mercier. Mais ce Juge ayant connu que ledit Lieutenant
General qui lors continuoit de proceder à l'inventaire eftoit
feul competant par la qualité de Receveur des Confignations
defdits Mercier fe retira, & que depuis ledit fieur de la Verriere tâchant toûjours d'attirer l'affaire en la jurifdiction de la
Confervation, fit faire de l'autorité defdits Conferuateurs vne
faifie réelle fur les immeubles defdits Mercier : & pour té-
moigner qu'il ne croyoit pas le Prefidial incompetant, il en
fit faire vne autre de fon autorité fur les Charges de Receveur des Confignations ; mais n'ayant pas eu l'effet qu'il ef-
peroit, il a joint ce chef de fon intereft particulier aux autres
points de ladite requefte, & a obtenu par ledit Arreft des défenfes au Prefidial de connoître dudit fait , affectant de cou-
vrir fa participation avec ledit fieur du Faure dans les Confignations , & d'empefcher qu'elle ne paroiffe pardevant des
Juges aufquels il ne luy eftoit pas poffible de la déguifer : mais
ce fera aux creanciers de la faire valoir. Cependant il eft inoüy
que lefdits Juges Confervateurs puiffent connoiftre de la faillite de deux perfonnes reuetuës des Charges de Receveurs des
Confignations audit Prefidial, comptables des deniers publics
envers les creanciers & en vertu des jugemens dudit Prefidial,
auquel ils font foûmis naturellement, & nullement à la Confervation, qui a mefme vn Receveur particulier des Confignations , le fait defquelles ne tient aucune chofe du negoce &
n'approche pas mefme de la moindre des circonftances qui
peuvent établir la competance defdits Juges Confervateurs; fi
bien qu'il demeure étably d'vn cofté que les Officiers dudit
Prefidial font feuls competans de connoiftre de la faillite defdits Receveurs des Confignations , & de l'autre que le fieur

E   2   de

de la Verriere n'a formé ce conflict fous le nom defdits Prevoft des Marchands & Efchevins que par l'intereft qu'il a en
ladite recepte : ce qui feul quand il y auroit quelque doute, ce
qui n'eft pas, feroit capable d'exclurre lefdit Juges Confervateurs d'en connoiftre. Auffi ledit fieur de la Verriere prévoyant bien qu'il ne pouvoit pas venir à bout de fon deffein &
ne cherchant qu'à éloigner & embarraffer cette affaire, a fait
faifir réellement fous le nom dudit fieur du Faure les biens
defdits Mercier fous l'autorité des Requeftes du Palais, fur vn
prétendu Committimus qui eft fans fondement & dont ledit
fieur du Faure n'a iamais pû fe fervir, ayant mefme diverfes
fois contefté pardevant les Officiers dudit Prefidial qui efperent aprés cét éclairciffement & les pieces qu'ils ont produi-
tes, que ce chef ne recevra aucune difficulté & fera reglé à
leur avantage. Qu'ils n'empefchent pas la premiere conclufion prife par lefdits Prevoft des Marchands & Efchevins dans
leur requefte fignifiée le 4. Aouft, tendante à ce que les Edits,
Declarations, & Arrefts rendus en faveur de la jurifdiction de
la Confervation depuis 1462. jufques à 1655. foient executez
felon leur forme & teneur, aux modifications portées par les
Arrefts de verification. Qu'ils demandent mefme fpecifique-
ment l'execution de celuy de 1655. dont lefdits Prevoft des
Marchands Efchevins fe départent fur la fin de leur requefte,
prenant diverfes conclufions pour en détruire & aneantir les
principaux chefs. Que l'on convient que lefdits Juges Confervateurs doivent connoître de tous procés entre Marchands
pour fait de negoce : mais l'on foûtient que de cét article doivent eftre retranchez ces mots (de circonftances & dépendances entre Marchands & autres de quelque qualité & condition qu'ils foient.) Que ces derniers termes pareillement in-
ferez en quelques articles qui fuivent, dépoüillent toute forte
de Juges des connoiffances qui leur font les mieux acquifes:
Car qui ne fe trouvera foûmis & enveloppé fous la jurifdiction des Marchands, que des circonftances & dépendances
non expliquées dépendront de leur caprice ? Et qui eft l'Eccle-
fiaftique, le Gentilhomme, l'Officier & l'Artifan qui ne foit

compris

compris fous ces termes, & autres de quelque qualité & condition qu'ils foient? Que par tous les Edits, Declarations, Arrefts & autres titres, lefdits Juges Confervateurs n'ont efté établis que pour connoiftre des differends entre Marchands &
pour fait de marchandifes. Que c'eft ainfi que Monfieur l'Archevefque de Lyon l'a reglé par fa Sentence du 6. Mars 1667.
à laquelle toutes les parties ont acquiefcé, & qui a efté homologuée par Arreft du Confeil du Commerce du 21. May fui-
uant, conformément à ce qui s'eft toûjours pratiqué; Et à l'Arreft du 7. Septembre 1610. qui prohibe en termes exprés au
Juge Confervateur de connoiftre du fait de marchandife entre autres que Marchands, non pas mefme du confentement
des parties; fur quoy l'on rapportera encore l'autorité de Mor-
nac fur la loy vnique, au Code *de nundinis & mercationibus*: où
il eft dit que pour que le Juge Confervateur foit competant il
faut que *fit pro re nundinarum debitum contractum inter mercatores, quorum affiduum in nundinis fit commercium, atque vt de-
ftinata fit ad nundinas folutio.* Et il adjoûte qu'il faut que ces
trois circonftances fe rencontrent,& qu'il ne fuffit pas *vt fola fit
folvendi deftinatio in nundinis, aut vt fit inter mercatores debitum,*qu'il faut que toutes trois concourent. Lefdits Prevoft des
Marchands & Efchevins n'ont jamais prétendu davantage, &
l'on fe fert fur ce point contre eux de leurs Edits & Arrefts, &
d'vn livre mefme qu'ils ont fait imprimer & qu'ils intitulent le
Style de la Jurifdiction de la Côfervation,où en divers endroits
ils reftraignent leur connoiffance aux differends entre Marchands & pour fait de marchandifes. Que l'article fuivant de
la demande defdits Prevoft des Marchands & Efchevins ne
doit faire aucune difficulté entre lefdites parties, s'ils fe veulent contenter de ce qui leur eft attribué par les Edits, Declarations & Arrefts, qu'on ne leur contefte pas, & fuivant ce qui
a efté reglé par la Sentence du 6. Mars 1667. homologuée par
l'Arreft du 17. May : en forte que tous les differends qui nai-
ftront pour fait de negoce entre Marchands de la qualité,& qui
auront les conditions portées par ladite Sentence, leur appar-
tiendrôt,à la referve toutefois des voitures &manufactures par

E 3   les

les raiſons cy-devant déduites:& que les voituriers,ouvriers,&
artiſans ne peuvent jamais eſtre, ny avoir la qualité d'vn Marchand juſticiable de la Conſervation.Que s'ils prétendent augmenter leur juriſdiction & l'étendre ſur toutes ſortes d'artiſans,
ouvriers, & autres perſonnes,& qu'ils ne ſe reſtraignent pas au
fait de negoce & à ce qui concerne la marchandiſe ; ce ſont des
nouueautez qui n'ont de fondement que l'ambition & l'avidité
de leur Greffier, & auſquelles l'on oppoſe qu'elles ſont contraires aux Edits, Declarations & Arreſts, dont neanmoins
ils demandent l'execution : Que l'Ordonnance défend expreſſément d'accorder des Lettres de répy aux Marchands,
& ils en obtiennent aſſez rarement, du moins ceux qui par les
qualitez cy-deſſus remarquées ſont juſticiables de la Conſervation : mais quand cela arrive, elles ſe trouvent pour l'ordinaire adreſſées au Parlement & autres Cours ſouveraines, parce que ce ſont des Jugemens univerſels dans leſquels toutes
ſortes de perſonnes ſont attirées,& qu'il ne ſeroit pas juſte que
des Officiers, Bourgeois & autres fuſſent obligez de quitter
leur Juge naturel pour celuy du Marchand qui en ce fait eſt de-
mandeur, & par conſequent doit ſuivre le Tribunal de celuy
qui l'attaque : Que le chef des banqueroutes n'a jamais eſté
conteſté pour les faillites & banqueroutes faites par Marchands
& Banquiers, & que ce ſont les ſeuls faillis juſticiables du Conſervateur, ainſi qu'il eſt porté par le Liure intitulé, Style de la
Juriſdiction Royale de la Conſervation fol. 49. Que l'on ac-
corde pareillement la demande ſuivante, conformément à ce
qui a eſté jugé par l'Arreſt de la Cour de Parlement du 7. Septembre 1610. qui porte en termes exprés, que le Marchand
creancier pourra contre ſon débiteur failly faire proceder par
ſaiſie des immeubles, & iceux mettre en criées qui ſeront certifiées pardevant le Seneſchal de Lyon,eſquelles ſi ſurviennent
des oppoſitions à fin de diſtraire d'autres non juſticiables dudit Conſervateur, elles ſeront jugées par le Seneſchal ou ſon
Lieutenant ; & icelles jugées, pourra ledit Conſervateur proceder à la vente & adjudication deſdits immeubles : Que cet
Arreſt a toûjours ſervy de Reglement general aux deux juriſdictions :

dictions : Qu'il ne se trouvera pas qu'il ait esté cassé par aucun posterieur, ny qu'on y ait dérogé : Que lesdits Prevost des Marchands & Eschevins se contentent de demander sans fonder leurs prétentions sur aucune autorité, vsage ny raison : Qu'ils veulent que toutes les dépendances d'vne faillite leur appartiennent : & que cependant partous les Arrests & Reglemens, & entre autres celuy du 7. Septembre 1610. les liquidations des droits des femmes, les salaires des domestiques, les loüages, & les demandes pour alimens ont toûjours esté poursuivis pardevant les Juges ordinaires : & qu'aprés ces liquidations, les privileges jugez, les debtes estant certaines, les creanciers sont colloquez sur les deniers provenus de la vente des biens du banqueroutier par les Sentences d'ordre du Conservateur : qu'ainsi de mesme l'on ne fait pas difficulté au Siege Presidial de colloquer vn creancier dans vn Jugement d'ordre sur vne Sentence par luy obtenuë à la Conservation : Que si l'article qui suit avoit lieu, conformément à l'intention de l'auteur de la requeste, il n'y auroit plus de decrets que de l'autorité du Conservateur : car on sçait, & c'est vne chose triviale, que toutes les promesses à Lyon se font par toutes sortes de personnes & se stipulent payables en payemens : & qu'il y a bien peu de débiteurs reduits à cette extremité de voir leurs biens saisis, qui ne soient obligés envers quelques Marchands; & qu'ainsi les biens d'vn Gentilhomme, Officier, Bourgeois, ou autre que Marchand, se trouvant saisis en vertu d'vne obligation ou jugement de l'autorité dudit Siege Presidial, sous prétexte qu'vn autre créancier en vertu de sa promesse reconnuë ou de son obligation causée pour délivrance de marchandises seroit intervenu, il faudroit renvoyer à la Conservation : ce qui seroit vne chose inoüye & qui n'a pas esté encore imaginée : car ç'a toûjours esté la qualité de la personne du débiteur qui a étably la competance des Juges : Qu'on a répondu cy-devant à l'article par lequel on demande l'attribution des circonstances & dépendances, qui n'a aucun fondement non plus que la plusfart des autres, que ces termes de circonstances & dépendances embrassent tout & fourniroient matiere à

des

des conflicts continuels s'ils ne font retranchez entierement ou reftraints conformément aux Edits & Arrefts : Qu'on n'a jamais difputé aux Juges Confervateurs l'execution de leur Jugement aux termes des Edits , & l'on fe rapporte à eux de les faire valoir dans tous les refforts des Parlemens, & au bout du monde s'ils veulent : Que le chef par lequel on demande que les Marchands notoirement folvables feront receus pour cautions fans eftre obligez de donner dénombrement de leurs biens meubles & immeubles eft accepté , & qu'il n'eft pas de l'invention de l'auteur de la requefte : qu'il y a long-temps qu'on en avoit donné les memoires pour l'obtenir de Sa Majefté avec quelques autres articles tres-importans pour l'avantage de la ville de Lyon, faifant fur ce point remarquer l'impoffibilité où fe trouueroient les Marchands de donner vn dénombrement de leurs biens ; car ils n'en ont pas de plus folides qu'vn fonds inconnu qui fe trouve en leur credit & leur reputation : Qu'on ne fçauroit faire voir que lefdits Officiers du Prefidial ayent jamais rien entrepris au delà de leur pouvoir , ny qu'ils ayent manqué à executer l'Ordonnance, les Arrefts & Reglemens : Que les Prevoft des Marchands & Efchevins n'ont pas bonne-grace de vouloir eftre les reformateurs de la conduite defdits Officiers qui font gens d'honneur & qui ne manquent pas de lumieres pour faire leurs charges : Que la prétention defdits Prevoft des Marchands & Efchevins de connoiftre fouverainement de toutes les matieres qu'ils demandent & autres dépendantes de leur jurifdiction jufqu'à la fomme de cinq cens livres, eft vne nouveauté fans fondement & contraire aux Edits d'établiffement de la jurifdiction des Juges Confervateurs, qui ne leur peut eftre accordée par aucune raifon. Et fi les Roys predeceffeurs de Sa Majefté ont voulu par des motifs particuliers attribuer aux Juges-Confuls de la Ville capitale du Royaume vn pouvoir plus étendu qu'aux Juges Confervateurs de la ville de Lyon , qu'il ne faut pas en tirer confequence pour celle-cy, n'y s'imaginer que ce qui a efté fait pour l'vne fe doive accorder à l'autre par le feul motif d'vne application de pouvoir dans lequel les Sujets de Sa Majefté ne trouveront.

veront aucun foulagement: car par l'Ordonnance les affaires
fommaires fe devant toutes juger à l'Audiance , & par confequent fans épices , celles au deffous de cinq cens livres eftant
prefque toutes de cette nature , lefdits Juges Confervateurs ne
peuvent oppofer leur juftice gratuite qui ne l'eft pas pour le
furplus ; car le Greffe & les autres droits y font plus grands
qu'au Siege. Mais de plus il eft inoüy qu'on dépoüille des Juges de leurs fonctions legitimes par l'avidité des autres fans rem-
bourfement & fans dédommagement: que l'on ne fouffrira pas
fans doute vne demande de cette qualité contre des Officiers de
Judicature qui ne font point à charge aux finances du Roy, &
qui rendent la juftice avec integrité & defintereffement , outre que l'on peut dire qu'il eft perilleux de donner à de fimples
Marchands qui ne demeurent Juges que pendant deux années,
foûtenus de toute l'autorité des Prevoft des Marchands & Efchevins , celle de prononcer en aucun cas fouverainement.
Que l'on laiffera dire au Procureur du Roy les raifons pour lefquelles il n'y a pas feulement apparence de divifer les deux
charges:l'on remontrera feulement qu'il y va du bien public de
ne pas fouffrir cette feparation:que cet Officier ayât les mefmes
fonctions dans l'vne & dans l'autre des jurifdictions , ne peut
eftre animé d'aucun efprit de partialité,fon intereft propre mefme ne l'y obligeant pas : qu'il referve à chaque jurifdiction ce
qui luy appartient legitimement, & ne s'amufe pas contre fon
devoir & fa confcience à dépoüiller la Confervation pour revétir le Siege:ce qu'on ne fçauroit juftifier avoir efté fait en aucun
rencontre. Mais lefdits Prevoft des Marchands & Efchevins ne
prennent pas garde qu'en cet article ils travaillent contre les
deffeins apparens dont ils couvrent leurs interefts particuliers:
car feignans de fe plaindre des conflicts continuels dont ils ne
fçauroient juftifier qu'un feul ait produit vne conteftation re-
glée entre des particuliers , ils veulent par la divifion de ces
deux charges en voir naiftre journellement. C'eft à quoy fans
doute le Roy ne permettra pas que fes fujets foient expofez,&
ne voudra pas détruire l'Edit de 1655. qui conferve & confir-
me le Procureur du Roy dans toutes fes fonctions. Que la fup-

F   preffion

preſſion des Procureurs & la faculté d'en créer de nouveaux qui compoſe la concluſion ſuivante, eſt le ſecond moyen pour ne voir que des conflicts en cette juriſdiction : car ce ſera vn ef-fet infaillible de l'avidité des nouveaux Procureurs, & celuy d'un reſſentiment bien naturel en la perſonne de ceux que l'on veut dépoüiller : & qu'en l'vn & l'autre le bien du ſervice du Roy & celuy de ſes Sujets ne ſe rencontrent pas; mais qu'il ſuf-fit de dire que ce chef eſt directement contre l'Edit de 1655. qui conſerve expreſſément les Procureurs pour poſtuler en l'v-ne & en l'autre juriſdiction : que le penultiéme chef deſdites demandes des Prevoſt des Marchands & Eſchevins peut eſtre diviſé en quatre. Dans le premier on veut que défenſes ſoient faites aux Officiers dudit Preſidial appellez à la Conſervation, de prononcer aucun renvoy és matieres que l'on prétend eſtre de la competance de cette juriſdiction. Pour réponſe à ce chef l'on dira que c'eſt proprement vouloir bannir les declina-toires du Tribunal de la Conſervation, quoy que ce ſoit vne exception naturelle & permiſe par toutes les Ordonnances, & ſur laquelle il eſt enjoint par la nouvelle de faire droit avant toutes choſes. Mais l'on veut aneantir la juriſdiction ordinaire, & que les particuliers ne puiſſent pas demander leur renvoy,& qu'ainſi tout le monde renonce à ſes droits & à ſes privileges, afin qu'il n'y ait plus d'autre Tribunal que celuy de la Conſer-vation,ny d'autre autorité que celle des Prevoſt des Marchands & Eſchevins. Le ſecond chef de cet article porte vne interdi-ction & vne deſtitution honteuſe à l'Officier qui aura pronon-cé vn renvoy, ſoit qu'il ſoit de juſtice ou non. L'on ne croit pas qu'il y ait aucun Officier qui ſe veüille expoſer à ſe voir de-ſtituer par des Marchands,& qu'il n'y a point de raiſon à ceux-cy de le prétendre. Mais quand il y auroit quelques apparences dans ce chef de concluſion qu'on peut appeller impertinent, pourquoy ſervir contre celuy qui aura prononcé peut-eſtre contre ſon ſentiment à la pluralité & par l'avis des Marchands, conformément à l'Ordonnance qui le luy enjoint ? Il y auroit autant de raiſon à deſtituer l'Huiſſier qui auroit appellé la cau-ſe & le Procureur qui l'auroit plaidée, & d'empriſonner meſ-

me

me la partie qui auroit demandé fon renvoy. Par le troifiéme chef le Confulat veut qu'il luy foit permis de nommer tel Gradué & Advocat que bon luy femblera. Et par le quatriéme, que le Prevoft des Marchands non gradué demeure en fa place, à l'inftar des Baillifs & Senefchaux. Que ces deux prétentions font formellement contraires aux termes de l'Edit de 1655. qui veut expreffément que lors qu'il ne fe trouvera aucun Officier gradué entre lefdits Prevoft des Marchands & Efchevins, il foit nommé l'vn des gens tenans le Siege Prefidial à Lyon pour prefider & inftruire conjointement avec les autres Juges, & que l'Efchevin gradué preside & inftruife tant & fi longuement que le Prevoft des Marchands ne fe trouvera Officier gradué. Que l'on comprend au ferment les raifons fecretes qui obligent lefdits Prevoft des Marchands & Efchevins à faire l'autre demande; mais l'on fe difpenfera de les expliquer, & l'on dira feulement qu'elles ne font ny juftes ny raifonnables. Auffi n'appuyent-ils cette nouveauté d'aucun moyen fpecieux ou apparent, il leur fuffit d'avancer qu'il leur faut des prifons particulieres, fans neanmoins fe plaindre que celles du Roy qui font les feules qu'on a veu dans la Ville jufques icy ne leur foient pas propres ny commodes : ils n'oferoient articuler qu'ils ayent rien fouffert de ce cofté-là, leurs prifonniers ont efté gardez auffi foigneufement & ont eu le mefme traitement que tous les autres : Ainfi cette conclufion n'eftant appuyée d'aucune raifon ny titre, il n'en faut pas davantage pour la détruire. REQVEROIENT A CES CAVSES, qu'il plûft à Sa Majefté déclarer les Prevoft des Marchands & Efchevins & autres Commiffaires en ladite jurifdiction de la Confervation non recevables, en tout cas mal fondez en leurfdites requeftes, les debouter d'icelles avec dépens, & les condamner à faire reparation telle qu'il plaira à Sa Majefté aufdits Officiers, pour les termes injurieux & temeraires dont ils ont vfé contre leur honneur. Ladite requefte fignée de Seve & Gualy Advocat, au bas de laquelle requefte eft l'Ordonnance du Confeil, portant qu'elle feroit communiquée aufdits Prevoft des Marchands & Efchevins & autres

F 2   Commif

Commiſſaires de la juriſdiction de la Conſervation, pour leur
réponſe veuë dans trois jours eſtre ordonné ce qu'il appartiendroit. Enſuite eſt la ſignification qui a eſté faite à l'Advocat
deſdits Prevoſt des Marchands & Eſchevins & Commiſſaires
ledit jour 17. Septembre audit an. Autre requeſte preſentée
au Conſeil par leſdits Prevoſt des Marchands & Eſchevins le
27.Octobre 1668. ſervant de réponſe à la requeſte deſdits Officiers dudit jour 17. Septembre & de contredit contre leur
production, & afin de reception des pieces y mentionnées au
nombre de quarante-huit. Au bas eſt l'Ordonnance qui donne
acte de l'employ & reçoit leſdites pieces ſignifiées le 27. Octobre. Celle preſentée au Conſeil par Paul Maſcranny Eſcuyer
Seigneur de la Verriere, contenant que luy eſtant deu de grandes ſommes payables en payemens, c'eſt à dire aux foires de
Lyon, par Oudart Mercier Marchand Banquier qui a fait faillite, ledit Suppliant a donné le 23.Mars 1668. Requeſte à la Conſervation de Lyon, afin que l'vn des Juges d'icelle ſe tranſpor-
taſt en ſa maiſon pour faire inventaire de ſes effets & marchandiſes, & eſtre pourveu à la ſeureté d'iceux : ce qui auroit eſté
ordonné. Et depuis par autre jugement de ladite Conſervation
du 27. deſdits mois & an luy auroit eſté permis de faire arreſter
vn nommé Goüillard, qui pouvoit donner quelque éclairciſſe-
ment de ladite faillite & deſdits effets ; enſuite dequoy le 6.
Avril ayant ſommé le Commiſſaire aux ſaiſies réelles de ladite
Ville de luy fournir un extrait de l'enregiſtrement de l'oppoſition qu'il avoit formée ſur les effets dudit Mercier, il luy a rendu ſon acte d'oppoſition ſans enregiſtrement, diſant que le meſme jour il en avoit receu vn autre qu'il avoit enregiſtré par ordre du Lieutenant General,& ce pour attirer l'affaire audit Preſidial & l'oſter aux Iuges Cõſervateurs, leſquels eſtans en droit
de connoiſtre de tous les billets des Negocians Banquiers &
gens faiſans commerce par vne infinité d'Edits, Declarations &
Arreſts, ſe ſont pourveus au Conſeil afin d'avoir vn Reglement
avec les Officiers dudit Preſidial, & obtenu Arreſt ſigné en
commandement le May 1668. par lequel entre autres choſes
il eſt ordonné que les parties ſeront aſſignées audit Conſeil,&

cepen

cependant que toutes pourfuites furfoiroient tant audit Prefidial qu'en ladite Confervation pour raifon du negoce & focieté du nommé Dandré & conforts , & faillite dudit Mercier, jufques à ce qu'autrement par Sa Majefté parties oüyes
en ait efté ordonné:en vertu duquel Arreft le Suppliant ayant
appris que les parties qui ont efté affignées fe font prefentées
au Greffe du Confeil, & qu'il y a lieu de craindre que le Reglement à faire ne traîne & ne dure long-temps par les inftru-
&ions des inftances à l'ordinaire dont la longueur qui fera fans
doute affe&ée en ce rencontre le ruineroit ; il fe trouve neceffité tant pour fes interefts particuliers que pour le bien de la
juftice de l'empefcher. C'eft pourquoy attendu qu'il a au Reglement qui eft à faire , à caufe des grandes fommes qui luy
font deuës, autant & plus d'intereft que qui que ce foit en
particulier, & de proceder à la Confervation : que ce Reglement
ment ne dépend que de la veuë & le&ure des pieces & titres
des parties qui peuuent eftre rapportez , & d'iceux pris com-
munication,par les mains de Monfieur le Commiffaire fans autre inftru&ion,ainfi que le Confeil l'a reconnu jufte par l'Arreft que Sa Majefté a rendu le 21.May 1667. qui ordonne que
les titres concernans l'établiffement & attribution de la jurif-
di&ion de la Confervation des privileges royaux des foires de
la ville de Lyon feront inceffamment rapportez & mis és
mains de Monfieur Puffort pour eftre par luy veus & examinez,& enfuite ordonné audit Confeil ce que de raifon ; & cependant le jugement du 6. Mars 1667. donné par Monfieur
l'Archevefque de Lyon feroit omologué & executé : Requeroit le Suppliant qu'il plûft à Sa Majefté le recevoir partie intervenante au Reglement qui eft à faire ; & faifant droit fur
fon intervention,renvoyer les procez & differends des parties,
circonftances & dépendances,pardevant les Juges Confervateurs de ladite Ville : auec défenfes au Prefidial de Lyon & à
tous autres Juges d'en connoiftre, finon au Parlement par ap-
pel:ladite requefte fignée Bernier Advocat au Confeil. Au bas
eft l'Ordonnance portant qu'elle feroit communiquée aufdits
Officiers du Prefidial de Lyon & Juges Confervateurs de ladi-

 te

te Ville, pour leur réponſe veuë dans trois jours eſtre ordonné ce que de raiſon, du 7. Aouſt 1668. Enſuite eſt la ſignification faite audit Gualy Advocat. Autre requeſte preſentée au Conſeil par ledit Maſcranny, à ce que pour les cauſes y contenuës il plûſt à Sa Majeſté, faiſant droit ſur ſon intervention, renvoyer les parties pardevant leſdits Juges Conſervateurs pour y proceder ſur leurs procés & differends meus & à mouvoir au ſujet de la faillite dudit Mercier, circonſtances & dépendances, faire défenſes auſdits Officiers du Preſidial & tous autres d'en connoiſtre, & les condamner aux dépens : ladite requeſte ſignée Bernier Advocat. Acte par lequel ledit Bernier audit nom a declaré à l'Advocat deſdits Officiers dudit Preſidial de Lyon, qu'il avoit mis ſes requeſtes és mains du ſieur Puſſort Conſeiller de Sa Majeſté en ſes Conſeils, pour eſtre receu partie intervenante en l'inſtance d'entre leſdits Officiers du Preſidial & les Juges de la Conſervation dudit lieu, pour eſtre fait droit ſur ſon intervention : ledit Acte ſignifié le 10. Novembre dernier Celle preſentée au Conſeil par François du Faure Conſeiller de Sa Majeſté, Receveur general ancien des Gabelles de Lyonnois, contenant que luy eſtant dû des ſommes notables par Oudart Mercier Banquier, bourgeois de Lyon, & Iean-Baptiſte Mercier ſon fils Receveur des Cõſignations, & Pierre Jarſaillon de la ville de Lyon, il auroit fait ſaiſir réellement ſur eux quelques maiſons & heritages ſis en ladite Ville & és environs, & les Offices de Receveurs des Conſignations d'icelle dont il auroit pourſuiuy les criées aux Requeſtes du Palais à Paris en vertu de ſon Committimus : ſur leſquels Offices il a vn privilege ſpecial comme les ayant vendus auſdits Mercier qui ne les ont pas payez : tant s'en faut le Suppliant pour les conſerver a acquitté pour eux pluſieurs debtes à divers creanciers colloquez vtilement. Mais comme leſdits Mercier ſe ſont abſentez & qu'il a eſté procedé au ſéellé de leurs biens par les Officiers de la Seneſchauſſée & Siege Preſidial de ladite Ville, cela auroit donné lieu aux Prevoſt des Marchands & Eſchevins d'icelle Ville de bailler requeſte au Conſeil, expoſitive que la juriſdiction des Juges Conſerva-

teurs

teurs a depuis quelques années efté vnie au Corps Confulaire,
& qu'en cette qualité la connoiflance de tout ce qui concerne
les Marchands de ladite Ville leur appartient : que neanmoins
le Lieutenant general de ladite Ville ayant appris la faillite
dudit Oudart Mercier tenant livre & bilan dans ladite Ville ,
auroit appofé ledit feellé lequel lefdits Prevoft des Marchands
& Efchevins foûtiennent leur devoir appartenir : & ayans demandé d'eftre confervez dans leurs privileges & jurifdiction ;
feroit intervenu Arreft le 17. May dernier, portant qu'aux fins
de leur requefte les Officiers dudit Prefidial & autres qu'il appartiendra feront affignez au Confeil au mois , pour parties
oüyes eftre ordonné ce que de raifon : lequel lefdits Prevoft
des Marchands & Efchevins ont le 1. Juin 1668. fait fignifier
au Suppliant , & en vertu d'iceluy donné affignation au Confeil qui fe trouve par ce moyen faifi des differends des parties, & fous ce prétexte le cours defdites criées eft interrom-
pu. Ce qui oblige le Suppliant de reprefenter à Sa Majefté,
que la jurifdiction de la Confervation eftant bien établie à l'é-
gard de tous ceux qui fe font meflez de negoce & tenu livre
& bilan, & ledit Oudart Mercier eftant notoirement de cette
qualité, le Suppliant confent d'y continuer les criées defdites
maifons & heritages d'autant plus volontiers que les pourfuites
s'y font fans frais. Mais fi Sa Majefté fait difficulté de renvoyer
lefdites criées à la Confervation , le Suppliant foûtient que le
renvoy n'en peut eftre fait qu'aufdites Requeftes du Palais, attendu le privilege du Suppliant, qui ne luy eft pas contefté :
outre que le Suppliant ne peut proceder au Prefidial de Lyon,
à caufe que prefque tous les Officiers dudit Siege fe trouvent
creanciers defdits Mercier. Mais à l'égard defdits Offices des
Confignations , comme le Suppliant n'a pas tant d'intereft d'en
pourfuivre les criées que d'établir fon privilege fur lefdits Offices qu'il a vendus ou qu'il a liberez par le moyen des payemens qu'il a faits à divers particuliers qui l'ont fubrogé en leur
lieu : lequel privilege il ne peut mieux établir qu'au Confeil ,
attendu la qualité dudit privilege, & que le Confeil fe trouve
faifi des differends des parties au moyen des affignations qui y
ont

ont efté données à la requefte defdits Prevoft des Marchands & Efchevins, le Suppliant a efté confeillé de bailler la prefente requefte au Confeil, tant pour réponfe à la pourfuite defdits Prevoft des Marchands & Efchevins de Lyon, que pour demander commiffion pour y faire affigner tous les oppofans & prétendans droit fur lefdits Offices de Receveurs des Confignations. A CES CAVSES requeroit ledit Suppliant,qu'il plûft à Sa Majefté luy donner acte de ce que pour réponfe à la requefte defdits Prevoft des Marchands & Efchevins de la ville de Lyon,il confent en tant qu'à luy eft,de continuer la pourfuite des criées des maifons & heritages faifis fur lefdits Mercier & Jarfaillon en la jurifdiction de la Confervation,où il plaira à Sa Majefté renvoyer lefdites criées;finon où Sa Majefté feroit difficulté de faire ledit renvoy en ladite Confervation, le vouloir faire aufdites Requeftes du Palais à Paris où lefdites criées ont efté commécées, en vertu du privilege du Suppliant qui n'eft point contefté, le Prefidial n'en pouvant connoiftre à caufe que prefque tous les Officiers d'iceluy font creanciers defdits Mercier. Et à l'égard defdites charges des Confignations, ordonner que tous les creanciers d'icelles ou prétendans droit , feront affignez au Confeil pour voir dire & ordonner que le Suppliant fera payé par préference & privilege fpecial de toutes les fommes à luy deuës par lefdits Mercier pour le refte du prix defdites charges,mefme des fommes qu'il a payées en l'acquit defdits Mercier aufdits creanciers defdites Confignations , tant en principal,interefts , que dépens , pour enfuite lefdites charges eftre baillées pour les prifées au Suppliät fur-&-tant-moins ou jufques à la concurrence du deu:ladite requefte fignée Poudreau Advocat au Confeil : au bas de laquelle eft l'Ordonnance du Confeil du 4. Septembre 1668. par laquelle auroit efté donné acte. Enfuite eft la fignification de ladite Ordonnance aufdits Gualy & Chanu Advocats defdits Prevoft des Marchands & Efchevins de ladite Ville & dudit Prefidial le 11.Septembre 1668. Celle prefentée au Confeil par les Procureurs poftulans en la Senefchauffée & Siege Prefidial de Lyon , en la jurifdiction de la Confervation des privileges des foires & au-

tres

tres jurifdictions Royales de ladite Ville, contenãt qu'on n'a jamais oüy parler qu'il y euft incompatibilité en des Procureurs
de poftuler en diverfes jurifdictions, puis qu'ils ne s'employent
qu'à fervir le Public, & qu'ils n'ont aucune affectatiõ ny intereft
de proceder pluftoft dans les unes que dans les autres de ces jurifdictions. Auffi eft-il vray que depuis deux cens ans que la jurifdiction de la Confervation des privileges des foires eft établie à Lyon, les mefmes Procureurs qui ont poftulé en la Senefchauffée ont auffi poftulé à la Confervation & aux autres jurifdictions Royales fans avoir efté troublez en leurs fonctions,
quoy que pendant ce temps il foit fouvent arrivé des differends
entre le Senefchal & le Confervateur, pour eftre reglez des
matieres que les uns & les autres prétendoient eftre de leur
connoiffance. En effet dans les commencemens de l'établiffement de cette jurifdiction les charges de Procureurs poftulans
n'eftoient pas erigées en titre d'Office : cette érection fut feulement faite fous le regne de Loüys XIII. d'heureufe memoire,
en confequence de laquelle les Supplians quoy que foient leurs
auteurs, furent tous obligez de payer vne finance au delà de
leurs forces : moyennant quoy ils furent pourveus par Lettres
de l'Office de Procureur-poftulant, non feulement en la Senefchauffée, mais encore à la Conferuation, & autres jurifdictions Royales de ladite Ville : ce qu'ils ont toûjours fait avec
tout l'honneur & toute l'integrité poffible. Cependant ils font à
prefent inquietez, & ils ont efté affignez pardevant Sa Majefté
pour proceder aux fins d'vne requefte des fieurs Prevoft des
Marchands & Efchevins, Prefidens & Juges-Gardiens, Confervateurs des priuileges des foires, prefentée au mois de May dernier, dans laquelle ils fe plaignent des entreprifes faites fur leur
jurifdiction par les Officiers de la Senefchauffée & Siege Prefidial de Lyon, en quoy la communauté des Supplians n'a aucun
intereft : & auffi n'eftoit-il point ordonné par l'Arreft qu'ils feroient affignez : & il n'eftoit point neceffaire que dans pareils
differends de Reglement l'on engageaft les Procureurs-poftulans qui ne font autre chofe que fervir leurs parties de leur miniftere, & qui ont efté & feront toûjours prefts d'obferver ces

G

mefmes

mefmes Reglemens. De plus, il n'y a point du fait de la communauté defdits Procureurs dans aucun des chefs de la premiere requefte defdits fieurs Prevoft des Marchands & Efchevins Juges-Confervateurs : & s'il avoit efté pourfuivy quelque chofe par des Procureurs particuliers fans aucune deliberation de la communauté, s'il s'y trouvoit de la faute, elle feroit purement perfonnelle, & ces particuliers feroient feuls coupables, fans que pour raifon de cela le general de la communauté en deuft fouffrir. C'eftoit auffi ce qui faifoit efperer aux Supplians, que cette premiere requefte n'auroit aucune fuite : mais par vne feconde requefte du 14. Aouft les Supplians ont connu l'intention defdits fieurs Prevoft des Marchands & Efchevins, qui tend à les priver & dépoüiller de la meilleure partie des fonctions de leurs charges pour lefquelles ils ont financé. Car outre leurs conclufions ils demandent qu'il leur foit permis de choifir & nommer tel nombre de Procureurs-poftulans qu'ils jugeront neceffaire pour occuper & poftuler pardevant eux à l'exclufion de tous autres ; avec défenfes aufdits Supplians de s'entremettre de poftuler à ladite Confervation : Lefquelles conclufions ne fe trouveront en aucune maniere de juftice. Car afin qu'il y euft quelque fondement, il faudroit établir que leur communauté euft delinqué : ce que l'on ne fçauroit jamais faire : au contraire il eft de la connoiffance defdits fieurs Prevoft des Marchands & Efchevins, & de notorieté fur les lieux, que les Supplians exercent leurs charges en gens d'honneur. Car l'on ne peut pas leur imputer pour vn crime d'affifter leurs parties lors qu'elles ont à propofer des declinatoires, foit pour la jurifdictió defdits fieurs Juges-Confervateurs, foit pour celle defdits fieurs Senefchal & Prefidiaux, lors que la matiere n'eft pas de leur connoiffance, puis qu'au contraire ils ne le peuuent refufer aufdites parties à moins de prevariquer à leur devoir & à l'obligation de leurs charges : Et à ce fujet l'on remarquera à Sa Majefté que s'il eftoit permis à des Procureurs de preferer leur intereft particulier à celuy des parties, & de fuivre l'avantage de leur fortune pluftoft que la neceffité de leur devoir, ils porteroient la connoiffance de toutes les affaires dont ils

font

font chargez, à la Conſervation ; parce que toutes les inſtructions & les plaidoyers s'y font par leur miniſtere, les Advocats
n'y plaidans point : & depuis la demande juſques au jugement
les Procureurs y font tout. Aprés cela comment préſumera-
t-on qu'ils portent au Preſidial des cauſes qui ſont de la Con-
ſeruation ? Il ne peut donc eſtre queſtion que de terminer les
choſes pour vne bonne fois : Et quand il aura pleu à Sa Majeſté de faire vn Reglement, les Supplians l'executeront tres-
ponctuellement:& ils conſentent que l'on ordonne des peines
contre ceux qui y contreviendront. Ils ne prennent & n'ont
jamais accepté aucun party.Ils n'ont autre intereſt que de ſupplier Sa Majeſté de regler les choſes avec ſa juſtice ordinaire,
afin de ne laiſſer aucun ſujet à l'advenir de douter des matieres qui ſeront de l'vne & l'autre des juriſdictions. Il ne reſte
donc auſdits Supplians qu'à expoſer à Sa Majeſté vne derniere
conſideration. Que dans le temps que Sa Majeſté a travaillé
par ſa prudence au ſoulagement du peuple par la reduction des
Officiers , & qu'il luy a pleu retrancher le nombre des Procureurs à Lyon ; leſdits ſieurs Prevoſt des Marchands & Eſchevins veulent au contraire le multiplier en faiſant des Procureurs en leur juriſdiction:ce qui eſt même contraire aux autres
chefs de leurs concluſions , par leſquelles ils ont demandé l'e-
xecutiõ de ſes Edits & Arreſts,entre autres celuy de May 1655.
qui a fait l'vnion de la juriſdiction de ladite Conſervation au
Corps Conſulaire, par lequel Edit l'vnion n'en fut faite qu'à
condition expreſſe que les Supplians occuperoient & poſtule-
roient ainſi qu'ils avoient fait auparavant en ladite juriſdiction;
ce qui fait qu'ils eſperent que Sa Majeſté ne permettra pas que
l'on dépoſſede des Officiers établis depuis ſi long-temps contre leſquels il n'y a aucune plainte, & que l'on ruine vn nombre de familles de la Ville de Lyon qui ne ſubſiſtent que par le
travail des Supplians.C'eſt pourquoy il ſeroit du bon plaiſir de
Sa Majeſté de prononcer que ſans avoir égard aux requeſtes
deſdits ſieurs Prevoſt des Marchands & Eſchevins en ce qui
regarde les Supplians, & ayant égard à leurs ſoûmiſſions d'executer ponctuellement le Reglement qu'il luy plaira de faire

G 2

entre

entre les Officiers de la Seneſchauſſée & Siege Preſidial & leſdits ſieurs Prevoſt des Marchands & Eſchevins, Juges de la
Conſervation, leſdits Suppliant feront maintenus en l'exercice
de leurs charges & dans la faculté de poſtuler en l'vne & en
l'autre deſdites juriſdictions , & les inſiſtans au contraire condamnez aux dépens, & leur donner acte de ce que pour réponſes auſdites requeſtes ils employent le contenu en la preſente
requeſte: enſemble l'Edit de Sa Majeſté , portant vnion des Juges de la Conſervation au Corps Conſulaire, ladite requeſte
ſignée Barbot Advocat au Conſeil, au bas eſt l'Ordonnance du
Conſeil du 28. Octobre 1668. portant qu'elle ſeroit communiquée aux Prevoſt des Marchands & Eſchevins, Juges Conſervateurs de ladite ville de Lyon , pour leur réponſe veuë dans
trois jours eſtre ordonné ce qu'il appartiendroit par raiſon. Enſuite eſt l'aſſignation qui en a eſté faite audit Chanu leur Advocat le 23. dudit mois d'Octobre. Trois ſommations faites à la
requeſte deſd. Procureurs poſtulans auſdits Prevoſt des Marchands & Juges Conſervateurs , de fournir de réponſe à ladite
requeſte des 24. 25. & 26. dudit mois d'Octobre. Requeſte preſentée au Conſeil par leſdits Prevoſt des Marchands & Eſchevins de Lyon le 9. Novembre dernier , à ce que pour les cauſes
y contenuës il pleuſt à Sa Majeſté ſans avoir égard à la requeſte deſdits Procureurs poſtulans dudit jour 28. Octobre dernier de laquelle ils ſeront deboutez, adjuger auſdits Suppliant
les fins & concluſions de leurdite requeſte, & leur donner acte
de ce que pour toute réponſe à celle deſdits Procureurs ils employent le contenu en la preſente. Et ce qu'ils ont écrit & produit en ladite inſtance, ladite requeſte ſignée Chanu, au bas eſt
l'Ordonnance du Conſeil, qui leur donne acte , ſignifiée ledit
jour 9. Novembre à l'Advocat deſdits Procureurs. Celle preſentée au Conſeil par Maiſtre Matthieu de Seve Conſeiller du
Roy Preſident, Lieutenant General en ladite Seneſchauſſée &
Siege Preſidial de Lyon , contenant que s'eſtant preſenté au
Conſeil ſur l'aſſignation à luy donnée en iceluy à la requeſte
des Prevoſt des Marchands & Eſchevins, Juges Conſervateurs
des privileges des foires de ladite Ville , & n'y ayant aucunes
concluſions

conclufions prifes contre luy , il fe feroit contenté d'employer pour toutes défenfes celles fournies par les Officiers dud.Prefidial, & feroit demeuré dans le filence pour n'entrer pas en fon particulier en conteftation avec lefdits Prevoft des Marchands & Efchevins,s'il ne fe trouvoit injurieufement attaqué dans leur requefte du 27.Octobre dernier , & par leurs fauffes préfuppofitions neceffité de détruire vne calomnie qu'ils ont voulu rejetter fur luy feul aprés en avoir temerairement chargé tout le corps dudit Prefidial. Sa Majefté obfervera s'il luy plaift , que dans la requefte introductive de cette inftance lefdits Prevoft des Marchands & Efchevins avoient expofé que par toutes fortes d'artifices les Officiers dudit Prefidial entreprenoient contre l'autorité & jurifdiction de la Confervation, & que dans l'occafion d'vn procés pendant & indecis en ladite Senefchauffée entre Claude Dandré & quelques particuliers, lefdits Officiers faifant fecrettemét efperer audit Dandré le gain de ce procés où il s'agiffoit pour luy d'vne prétention de plus de cinquante mille livres, il luy auroient infpiré auffi-bien qu'à fon affocié le deffein de fe retirer audit Prefidial pour vn fait de leur commerce : ce qui ne fe trouvant appuyé d'aucune circonftance , fans fondement & contraire à la verité , auroit obligé lefdits Officiers d'en demander par leurs défenfes vne reparation proportionnée à l'injure. Mais lefdits Prevoft des Marchands & Efchevins voulant foûtenir jufques au bout ee qu'ils avoient fauffement(fauf correction)auancé,& efperant de le faire plus impunément contre vn particulier que contre vne compagnie,ils auroient dans leur replique indiqué le Suppliant pour celuy dont ils avoient entendu parler.Et afin qu'ils ne difent pas vne feconde fois qu'on fe forme des monftres pour les combattre, on rapportera icy les propres termes dont ils fe font fervis fur cét article. Les Supplians,difent-ils, font perfuadez que tout le Corps defdits Officiers n'a pû entrer dans la pratique de ces artifices fecrets dont quelques particuliers fe font fervis pour gagner ces deux jufticiables. Et peu aprés ils ajoûtent, les faveurs & les affiftances continuelles que reçoit ledit Dandré des principaux chefs de ce Corps ne font pas

G 3 des

des chofes qui puiffent eftre niées, elles font trop bien établies non feulement par vne prefomption prefque évidente & vne notorieté publique, mais encore par des preuves & des actes authentiques qu'on n'a pû fe difpenfer de produire: & enfin venans à l'examen de ces actes ils difent : Le fieur Thomas commis par Sa Majefté à la regie generale des Monnoyes de France ayant dans ce même-temps efté obligé de faire faire par fon commis à la direction de celle de ladite Ville quelque recherche des abus & malverfations commifes par ce même Dandré au fait des fontes & affinages, & defirant avoir expedition d'vne autre pareille procedure faite quelque-temps auparavant contre ledit Dandré par le Lieutenant Géneral dudit Prefidial pour raifon de femblables abus , qu'il fçavoit avoir efté receuë par le nommé Aubert Greffier audit Siege;ce commis dudit fieur Thomas fut obligé de prefenter fa requefte audit Lieutenant General , à ce qu'il luy plûft ordonner que cette expedition luy feroit delivrée. Mais comme ledit Lieutenant General ne vouloit rien oublier de ce qui pouvoit aider vn homme qui prenoit foin de revétir fa jurifdiction de celle de la Monnoye & defdits Confervateurs, il ne fe contenta pas de refufer au commis à la direction de ladite Monnoye de répondre fa requefte ; mais fe voyant preffé de le faire , il luy fit luy-même declarer par acte , qu'il n'avoit efté fait pardevant luy aucune forte de procedure de cette qualité contre ledit Dandré. Il y avoit aprés cette declaration dudit Lieutenant General lieu d'en croire fa religion : neanmoins il eft arrivé dans le cours de cette pourfuite criminelle du commis à la regie de ladite Monnoye contre ledit Dandré, que les mêmes témoins qui avoient dépofé contre luy n'ont pû s'empefcher de reveler la verité de cette premiere procedure ainfi contre luy faite par ledit Lieutenant General. Les Prevoft des Marchands & Efchevins s'eftans ainfi expliquez, il eft fans difficulté qu'il ne refte plus , fuivant leur penfée, que ledit Lieutenant General qui puiffe eftre foupçonné d'avoir pratiqué ces artifices , & promis fecrettement audit Dandré de luy faire gagner ce procés où il s'agit de cinquante

mille

mille livres , pour l'obliger de rêvetir le Prefidial au prejudice
de la Confervation & de la Cour des Monnoyes. A quoy ils
pourroient ajoûter pour convaincre le Suppliant de fa faveur
& de fa protection declarée auffi foiblement que par les actes
qu'ils ont produit, qu'il eft Rapporteur de ce grand procés : &
l'on s'étonne que cette remarque ait échapé à l'Auteur de la requefte defdits Prevoft des Marchands & Efchevins , & qu'il
ne l'ait étenduë & exaggerée fuivant fon ftile ordinaire : fans
doute il ne l'épargnera pas dans la replique : mais il eft bon
qu'il fçache encore , & qu'il s'en informe du fieur Arnauld
partie adverfe dudit Dandré , que le Suppliant ne luy eft pas
fufpect , & qu'il a mieux aimé attendre fon retour pour le jugement de ce procés , que de fouffrir qu'il fuft mis au Greffe.
Le Suppliant veut bien avoüer avant que d'entrer dans fa jufti-
fication,qu'il voit avec joye fa Compagnie dégagée de ce prétendu crime qu'on luy imputoit: mais il ne peut s'empefcher
de remarquer avec autant de furprife & d'étonnement , que
lefdits Prevoft des Marchands & Efchevins fe foient laiffez
emporter à cet excés d'aveuglement & de paffion, que de tour-
ner contre luy feul leur accufation, fur vn pretexte auffi leger
& auffi mal-fondé que celuy qu'ils ont pris. Ces bons peres
qui par leurs foins paternels pretendent meriter le refpect de
leurs enfans,en peuvent bien exiger de leur Député & de Maî-
ftre   Monod qu'ils ont honoré de tant de beaux témoi-
gnages. Mais ils demeureront du moins d'accord qu'ils n'en
doivent pas attendre du Suppliant aprés vn procedé fi extraordinaire ; & que s'il les épargne, & n'attaque pas leur mauvaife
conduite & leurs defordres, c'eft par des confiderations & des
motifs bien contraires aux leurs , puis qu'il feroit certain de les
confondre,& qu'ils ne peuvent pas feulement donner la moindre atteinte à fa probité & à fa reputation. En effet , fans que
le Suppliant prétende faire icy fon éloge, ny rechercher d'autre loüange que celle d'avoir fait fon devoir en toutes rencontres , il peut dire que l'vne & l'autre font affez bien établies &
approuvées , mefme par la confiance de quelques-vns de ceux
qui l'attaquent aujourd'huy, pour luy donner lieu de méprifer
le

le crime dont on le veut noircir, si la fausse accusation demeu-
roit renfermée parmy ses concitoyens: mais estant portée jusques à Sa Majesté, il luy est d'vne necessité indispensable de
détruire les suppositions par lesquelles lesdits Prevost des Marchands & Eschevins prétendent la soûtenir, & de ne laisser aucun soupçon de sa conduite, dont il sera toûjours aussi prest de
rendre vn compte exact & fidele, que ses parties apprehen-
dent avec raison qu'on le leur demande de leur administration.
Passant à l'examen de ces pieces qui sont venuës si heureuse-
ment au secours desdits Prevost des Marchands & Eschevins,
& qui leur ont esté si fidelement remises; l'on remarquera
premierement, que l'injure dont on a demandé reparation, a
esté faite par la requeste sur laquelle l'Arrest du 17. May dernier est intervenu, & que celle presentée par le Commis de la
Monnoye ne le fut que le 5. Juillet suivant, c'est à dire plus de
six semaines après: & ainsi il faut ou que l'on eust des preuves
plus anciennes de cette protection declarée & de cette prevarication, ou que l'on demeure d'accord d'avoir dans le commen-
cement faussement avancé ces termes injurieux. En second
lieu, la lecture de cette requeste du 6. Juillet pouvoit appren-
dre ausdits Preuost des Marchands & Eschevins, s'ils avoient
esté moins prévenus ou plus éclairez, que le Lieutenant General ny tout autre Juge ne pouvoit pas, sans pecher contre les
regles & les maximes, accorder les conclusions prises par ladite requeste, dans laquelle Claude Thomas sous le nom de
qui elle est presentée & signée par Simon son Commis, expo-
se qu'il fait informer de l'autorité de la Cour des Monnoyes
contre le nommé Dandré, pour avoir contrevenu à l'Ordonnance en diverses fontes & affinages: qu'il y a eu vne procedure extraordinaire faite par ledit Lieutenant General concernant le mesme fait, demande qu'il soit enjoint au Greffier qui
l'a receuë d'en delivrer expedition: surquoy & après la lecture
de ladite requeste, ledit Suppliant ayant dit audit Simon qui
en estoit porteur, que puis qu'il faisoit informer de l'autorité
des Iuges des Monnoyes, il devoit s'adresser à eux pour demander le rapport de cette procedure, & que sur le jugement

ou.

ou ordonnance qui interviendroit, si le Greffier faisoit quelque
refus, alors s'adressant audit Suppliant il ne feroit pas difficulté
d'ordonner l'injonction qui luy estoit demandée. Ce Commis
parut satisfait de cette réponse, & reprit sa requeste dans le
dessein de suivre la voye qui luy estoit ouverte, & qui ne luy
apportoit ny peine ny embarras, puisque le Commissaire estoit
dans la Ville & y procedoit continuellement à l'instruction du
procés contre ledit Dandré. Mais lesdits Prevost des Marchands & Eschevins, qui sont de bonne intelligence avec le
Commissaire de cette jurisdiction, ainsi qu'il seroit aisé d'établir si on vouloit s'écarter de la matiere, croyans avoir trouvé
vne occasion favorable de nuire au Suppliant, & vn beau prétexte de rejetter sur luy cette calomnie inserée dans leur premiere requeste, & dont ils avoient esté blâmez hautement de
tous leurs concitoyens, se servans du nom dudit Simon, firent
signifier par leur Huissier ordinaire cette requeste audit Suppliant, & vn acte au bas tendant à mêmes fins : ce qui l'auroit
obligé, prévoyant bien qu'on voudroit tirer avantage de son
prétendu refus, d'en expliquer les motifs par vn procés verbal
& vne ordonnance qui fut signifiée le même jour : & dans cét
acte il est vray que ledit Lieutenant General verbalisant dit,
qu'il n'a aucune connoissance de cette procedure faite pardevant luy contre ledit Dandré. D'où lesdits Prevost des Marchands & Eschevins prennent occasion d'accuser sa religion,
& veulent sur ce fondement qu'on demeure d'accord que les
termes dont ils se sont servis n'àyent que trop foiblement ex-
primé la verité des choses qu'ils ont avancées. Mais il est bien-
aisé de les convaincre du contraire, estant étably par tout ce
qui a esté dit, que les injures proferées contre l'honneur de
tous les Officiers dudit Presidial non seulement ne sont pas ef-
facées par ce mauvais prétexte, mais qu'elles se trouvent encore plus malicieusement soûtenuës par le tour qu'ils ont tâché
d'y donner contre le Suppliant, sans qu'il puisse rester aucun
soupçon qu'il ait rien fait contre sa conscience & sa religion
en ce rencontre, puisque non seulement le long-temps qui s'e-
stoit écoulé depuis que le Suppliãt en qualité de Subdelegué de

H

la

la Chambre de Juſtice auoit fait ladite procedure, qui conſiſtoit ſimplement en vne information de quelques témoins, le pouvoit excuſer d'avoir dit qu'il n'en avoit pas connoiſſance ; mais qu'outre cela il eſt ſoûtenu & ſera juſtifié, ſi le temps le permet, qu'elle eſtoit faite principalement contre la nommée Junot, mere à la verité dudit Dandré, mais pour lors femme du ſieur Arnauld : de ſorte que le Suppliant non ſeulement n'a point bleſſé ſa religion ; mais encore il n'a rien fait que dans l'ordre & ſuivant les regles. Les choſes demeurans donc ainſi éclaircies, & que par le caractere que le Suppliant a l'honneur de porter de premier Officier de judicature d'vne Province conſiderable, on n'a pû luy faire vn plus grand outrage que de l'accuſer d'vſer d'artifices & jetter le ſoupçon ſur luy, d'avoir promis à vn particulier de luy faire gagner ſon procés pour s'attirer la connoiſſance d'vn autre ; ce qui ſeroit vne prevarication tres-puniſſable & qui meriteroit vne peine exemplaire, ſi le fait eſtoit appuyé de la moindre preuve. Mais auſſi ſe trouvant dénué de toute circonſtance & fauſſement & calomnieuſement inventé, le Suppliant eſpere de la juſtice de Sa Majeſté qu'elle ne luy refuſera pas vne reparation proportionnée à l'atrocité de l'injure. A CES CAVSES rerequeroit qu'il plûſt à Sa Majeſté ordonner que leſdits Prevoſt des Marchands & Eſchevins déclareront pardevant tel Commiſſaire qu'il plaira nommer, que temerairement & inconſiderément ils ont fait inſerer les ſuſdits termes injurieux, tant dans la requeſte du 17. May que celle du 27. Octobre, qu'ils demanderont pardon à Sa Majeſté de l'avoir ainſi offenſée en la perſonne d'vn Officier qui adminiſtre la juſtice avec le zele & la fidelité qu'il doit. Que leſdits termes injurieux & calomnieux ſeront rayez, eux condamnez en leur propre & privé nom en deux mille livres de dommages & intereſts applicables aux pauvres de l'Hoſtel Dieu, & de l'aumoſne generale de Lyon ou autrement ainſi qu'il plaira à Sa Majeſté, & les condamner en outre aux dépens envers le Suppliant. La requeſte ſignée de Croiſy Advocat du Conſeil : au bas eſt l'Ordonnance du Conſeil du 21. Novembre dernier, portant qu'elle ſeroit communiquée

muniquée aufdits Prevoft des Marchands & Efchevins Juges
Confervateurs des privileges des foires de ladite Ville, pour leur
réponfe veuë dans trois jours eftre ordonné ce que de raifon.
Enfuite eft la fignification qui en a efté faite à leur Advocat ledit jour 11. Novembre dernier. Autre requefte prefentée au
Confeil par lefdits Prevoft des Marchands & Efchevins de ladite Ville de Lyon , Juges-Gardiens & Confervateurs des privileges des foires de ladite Ville, contenant qu'en l'inftance
qu'ils ont pendante pardevant Sa Majefté contre les Officiers
du Prefidial de ladite Ville en reglement de leurs jurifdictions
ils ont efté neceffitez de juftifier par des actes autentiques la verité des moyens & des artifices par lefquels les Officiers dudit
Siege ont depuis long-temps foigneufement travaillé à s'arroger la connoiffance des matieres les plus naturelles à cette jurifdiction privative defdits Confervateurs , & entre autres par
les traitemens trop favorables qu'ils ont faits en toute rencontre aux jufticiables de ladite Confervation qui ont voulu connoiftre leur autorité. Ils ont entre autres chofes produit les
actes juftificatifs de la foigneufe protection que le nommé
Dandré a receu encore depuis peu de la part du fieur de Seve
Lieutenant General audit Prefidial; ce qui l'a tellement échauf-
fé en fon particulier contre les Supplians, que prenant pour injure & pour calomnie toutes ces veritez qui refultent contre
luy de ces mefmes actes, & de la propre reconnoiffance qu'il
y fait du deffein qu'il a eu de favorifer en cette rencontre ledit
Dandré aux dépens mefme de la verité & du devoir de fa
charge, que s'irritant de fon chef contre cet endroit de la requefte de contredit & de l'addition de production defdits Supplians, il n'a pû refufer à la chaleur de fon injufte reffenti-
ment la requefte qu'il a prefentée à Sa Majefté en fon nom
fingulier, par laquelle prétendant avoir efté en cela exceffive-
ment outragé en fa perfonne & en fon honneur ; aprés avoir
longuement exageré les raifons qu'il a d'en demander juftice
à Sa Majefté, il conclud à ce que lefdits Supplians foient condamnez de déclarer publiquement que mal à propos & temerairement ils ont fait inferer ces termes pretendus injurieux tant

en leur requeſte du 17. May dernier qu'en celle de leurdit
contredit, qu'ils demandent pardon à Sa Majeſté de l'avoir
ainſi offenſée en la perſonne de ſon Officier, ce faiſant, ordonner que ces termes prétendus calomnieux ſeront rayez deſdites requeſtes, & leſdits Supplians condamnez en leurs propres & priuez noms en deux-mille livres d'amende & aux dépens envers luy. Sur laquelle requeſte il a le cinquiéme du
preſent mois de Novembre obtenu Ordonnance du ſieur
Puſſort Conſeiller ordinaire de Sa Majeſté en tous ſes Conſeils, Commiſſaire à ce député, portant qu'elle ſeroit communiquée auſdits Supplians pour leur réponſe veuë eſtre ordonné
ce que de raiſon. A laquelle Ordonnance leſdits Supplians
ſatisfaiſant diſent, que cette requeſte dudit Lieutenant General ou plûtoſt l'éloge qu'il ſe fait à ſoy-même, le diſculpent ſi
mal des abus & des artifices par leſquels il eſt convaincu d'a-
voir en diverſes rencontres favoriſé les tranſports de juriſdiction, & les fuites des juſticiables de ladite Conſervation audit
Preſidial & autres pour ce fait particulier dudit Dandré, qu'il
n'y a qu'à faire lecture de ladite requeſte pour y trouver deux
choſes également conſtantes. La premiere qu'il s'y fait pour la
plus grande partie vn procez à ſoy-même, en groſſiſſant les
objets par vne exageration tres-au delà de la ſimplicité des termes, par leſquels leſdits Supplians ſe ſont expliquez ſur ce
ſujet par leurſdites requeſtes & addition de leur production,
que Sa Majeſté jugera n'avoir rien de fâcheux pour ledit Lieutenant General que la verité, qui reſulte contre luy des actes
pour ce par eux produits ſous la cotte   de leurdite addition de production. Et la ſeconde que cette même verité preſ-
ſe ſi fort ledit Lieutenant General, que tant plus il tâche de
s'en excuſer & de faire paſſer pour calomnie ce que leſdits
Supplians en ont expoſé & juſtifié en ladite inſtance, tant plus
il éclaircit par ſon propre adveu cette même verité du fait, &
en donne contre ſoy-même des preuves tellement conſtantes
qu'elles acheveroient ſans doute ſa conviction, ſi ces actes qui
en ont eſté produits par leſdits Supplians avoient beſoin de
cette confeſſion & de cette propre reconnoiſſance dudit Lieutenant

tenant General. C'eſt pour cela que ſans qu'il ſoit neceſſaire de
laſſer la patience de Sa Majeſté par vne plus particuliere diſcuſ-
ſion de ce tres-embarraſſé diſcours dudit Lieutenant General,&
par vne plus ſoigneuſe refutation de la reparation publique &
ſolemnelle qu'il demande de l'injure qu'il dit luy avoir en cela
eſté faite par leſdits Supplians ; ils ſe contenteront d'employer
pour toute réponſe à ladite requeſte ce qu'ils ont écrit & produit ſur ce ſujet en ladite inſtance : aprés quoy il ne reſtera plus
auſdits Prevoſt des Marchands & Eſchevins qu'à ſupplier Sa
Majeſté de faire quelque reflexion ſur toutes les nombreuſes
invectives, injures atroces, & tous les outrages par leſquels
ces meſmes Officiers dudit Preſidial & ledit Lieutenant General à leur teſte,ont entre autres par leur requeſte du 17.Septem-
bre dernier, ſignée dudit Lieutenant General, tâché de noircir
auprés de Sa Majeſté l'honneur, la reputation, & la conduite
deſdits Supplians, en ſoûtenant en termes formels que c'eſt ce
ſeul Corps Conſulaire qui ruine le negoce & opprime les Marchands de ladite Ville,& que c'eſt ce meſme Corps Conſulaire
qui a donné lieu aux impoſitions dont les marchandiſes qui en-
trent dans ladite Ville ſe trouvent encore preſentement ſur-
chargées. C'eſt cela qu'on appelle des calomnies ; C'eſt cela
qui doit eſtre qualifié avec juſtice du nom de veritables outrages. Et ce ſont là de ces invectives & de ces injures qui demandent d'elles-meſmes la reparation qui eſt ſi juſtement deuë
à ceux à qui elles ſont faites:& les Supplians avoient tant plus de
raiſon de la demander à Sa Majeſté, que cet éclat de la paſſion
de leurs parties adverſes a eu pour objet non ſeulement de les
noircir auprés de Sa Majeſté ; mais encore d'attirer ſur eux la
haine de leurs Concitoyens, & par ces termes ſeditieux exci-
ter s'ils pouvoient leur revolte non ſeulement contre l'autorité
de Sa Majeſté qui ſeule a étably leſdits droits ; mais contre l'autorité & la propre perſonne de ces Officiers politiques, & de
ces dépoſitaires du bien & des intereſts communs de ladite Ville. Neanmoins Sa Majeſté eſt témoin de la moderation
avec laquelle leſdits Supplians ſe ſont juſques à preſent con-
tentez de repouſſer ces fauſſes accuſations, par la ſeule & ſimple

H 3　　juſti

juſtification du contraire de cét échantillon de l'animoſité &
de l'emportement deſdits Preſidiaux. Auſſi eſt-il vray qu'ils
en feroient aujourd'huy le même mépris , n'étoit que leur ſi-
lence, à cét égard, au lieu d'appaiſer en cela la mauvaiſe hu-
meur & le chagrin de leurs parties adverſes, n'a fait que les
enhardir davantage & leur perſuader qu'ils pouvoient encore
plus impunément tenir à cét égard la place & faire le perſon-
nage d'accuſateurs, quoy que couverts & convaincus du même
emportement qu'ils reprochent avec tant de hardieſſe & ſi
peu de front à ceux qu'ils ont ſi maltraitez par des diſcours
non ſeulement deſtituez de toute ſorte de preuve, mais de plus
convaincus de la plus viſible & plus malicieuſe de toutes les
fauſſetez. A ces cauſes, requeroient qu'il plûſt à Sa Majeſté,
ſans avoir égard à ladite requeſte dudit Lieutenant General
dudit jour 5. Novembre de laquelle il ſera debouté , adjuger
auſdits Supplians les fins & concluſions par eux priſes en ladite
inſtance : & au ſurplus condamner ledit Lieutenant General
tant en ſon nom que de tous leſdits Officiers dudit Siege, à declarer en preſence de Sa Majeſté, que mal, nullement & fauſſement ils ont accuſé par leurdite requeſte les Supplians de rui-
ner le negoce & les Marchands de ladite Ville, & d'avoir donné lieu auſdites impoſitions : qu'il n'y a en tout cela rien qui ne
ſoit contraire à la verité ; qu'ils s'en repentent & leur en demandent pardon : leur faire défenſes d'vſer à l'avenir par écrit
ou autrement de pareils termes, ou autres contraires à la verité
& à la juſte & ſincere conduite deſdits Supplians en l'admini-
ſtration des affaires communes de ladite Ville , ordonner que
ces termes & autres injurieux ſeront rayez & biffez dans ladite
requeſte deſdits Officiers, & eux pour la reparation de l'injure
en outre condamnez en ſix mille livres de dommages & intereſts envers leſdits Supplians, applicables à l'Hoſtel-Dieu & à
l'Aumône generale de ladite Ville de Lyon, s'en rapportant
leſdits Supplians pour la reparation publique à ce qu'il plairoit
à Sa Majeſté d'en ordonner, & leur donner acte de ce que
pour toute réponſe à ladite requeſte dudit Lieutenant General
ils employent le contenu en la preſente, & ce qu'ils ont écrit &

produit

produit en ladite inſtance : ladite requeſte ſignée Chanu Ad-
vocat:au bas eſt l'Ordonnance du Conſeil qui leur donne acte,
& qu'au ſurplus en jugement : ſignifiée aux Advocats dudit
Leutenant General de Lyon.& deſdits Officiers dudit Preſidial le 9. dudit mois de Novembre. Celle preſentée au Conſeil par Maiſtre Pierre Pilot Procureur és Cours de Lyon,
contenant qu'il a eſté aſſigné pardevant le ſieur Puſſort Conſeiller de Sa Majeſté en tous ſes Conſeils à la requeſte des
ſieurs Prevoſt des Marchands, Eſchevins, Juges Gardiens &
Conſervateurs des privileges des foires de ladite Ville en vertu d'vn Arreſt du Conſeil d'Eſtat du Roy rendu ſur leur requeſte le 17. May dernier : ſur laquelle aſſignation il a comparu
par reſpect, quoy qu'il oſe dire à Sa Majeſté qu'il eſtoit tout-à-
fait inutile de le comprendre dans cette conteſtation, dans laquelle il ne peut point eſtre partie en ſon nom:car aprés avoir
examiné la requeſte ſur laquelle eſt intervenu ledit Arreſt,
auſſi-bien que celle qui a eſté depuis preſentée à Sa Majeſté
par leſdits ſieurs Prevoſt des Marchands & Eſchevins, il a remarqué qu'il n'eſt dénommé en façon quelconque ny en l'vn-
ne ny en l'autre,& qu'il n'y a comme en effet il ne peut y avoir
aucunes concluſions priſes contre luy. Car à l'égard de celle
qui tend à ce qu'il ſoit permis auſdits ſieurs Prevoſt des Marchands & Eſchevins de nommer des Procureurs qui poſtulent
pardevant eux , & que défenſes ſoient faites à ceux du Siege
Preſidial d'y continuer leurs fonctions, cela regarde la communauté deſdits Procureurs en general , laquelle ayant eſté
aſſignée & eſtant en cauſe, elle ne manquera pas de faire connoiſtre à Sa Majeſté que cette demande n'eſt pas recevable,
& qu'elle n'a nul fondement : & à l'égard du Reglement qui
eſt demandé par leſdits ſieurs Prevoſt des Marchands & Eſchevins ſur ce qu'ils prétendent que le decret des biens immeubles des ſieurs Mercier pere & fils Receveurs des Conſignations de Lyon n'a pû eſtre fait de l'autorité du Siege Preſidial, le Suppliant y a encore moins d'intereſt. Car dans ce
qu'il a fait au ſujet de ce decret, ſa conduite eſt tres-innocen-
te , puiſqu'il n'a qu'en qualité de créancier demandé comme

quatre

quatre ou cinq autres Procureurs du même Siege la ſubroga-
tion aux criées deſdits biens au lieu & place du ſaiſiſſant qui
en diſcontinuoit la pourſuite,& par Ordonnance du 14. Avril
dernier elle luy a eſté accordée, & même le ſieur du Faure a
fait ſaiſir réellement les mêmes biens & Offices aux Requeſtes du Palais du Parlement de Paris où il en pourſuit l'adjudication & le decret, & y a fait aſſigner le Suppliant. Mais ſi Sa
Majeſté juge que le Preſidial de Lyon n'a pas pû connoiſtre de
ce fait, & que le decret des biens des Receveurs deſdites Conſignations qui ont fait faillite des deniers d'icelles a deu eſtre
pourſuiuy devant les Juges de la Conſervation plûtoſt qu'audit
Preſidial, le Suppliant qui a toûjours eu vne profonde ſoûmiſ-
ſion à obſerver les ordres de Sa Majeſté, & les Reglemens de
ſon Conſeil, s'y ſoûmettra encore en ce rencontre avec toute
l'exactitude poſſible. Cependant il oſe ſe perſuader que Sa Majeſté ne le trouvera pas coupable d'avoir demandé avec pluſieurs autres de ſes confreres d'eſtre ſubrogé à des criées qui
eſtoient pendantes audit Preſidial des biens des Receveurs des
Conſignations du même Siege. A ces cauſes, requeroit qu'il
plûſt à Sa Majeſté décharger le Suppliant de l'aſſignation qui
luy a eſté donnée,avec dépens:ladite requeſte ſignée Meneuſt
Advocat. Celle preſentée au Conſeil par Maiſtre Thomas de
Moulceau Eſcuyer,Secretaire & deputé de ladite Ville, contenant,que bien qu'en l'inſtance de Reglement general pendant,
audit Conſeil entre leſdits Prevoſt des Marchands & Eſchevins de la ville de Lyon, Juges Gardiens & Conſervateurs des
privileges des foires de ladite Ville d'vne part, & les Officiers
de la Seneſchauſſée & Siege Preſidial de ladite Ville d'autre,le
Suppliant n'ait autre intereſt que celuy de ce Corps Conſulaire de ladite Ville par qui il a eſté chargé du ſoin & de la ſolli-
citation de cette affaire en qualité de ſon Dêputê à la ſuite dudit Conſeil; neanmoins & parce que les Officiers dudit Preſidial regardent en cela le Suppliant comme l'vn des plus paſ-
ſionnez défenſeurs de la cauſe de cette Communauté contre
leurs entrepriſes ſur l'autoritê & juriſdiction privative deſdits
Juges Conſervateurs,ſuivant & ainſi que ſon honneur & le devoir

voir de ſa charge & de ſa miſſion l'y obligent, en ont conceu
contre luy vne telle animoſité, qu'ils ne peuvent s'empeſcher
dans tous les actes de ce procez de s'en prendre à luy perſon-
nellement par toutes les invectives, tous les outrages & toutes
les calomnies dont ils croyent pouvoir noircir ſa probité & ſa
reputation, & donner pour objet à ſon zele & à ſon attachement aux intereſts de cette Communauté, ſon intereſt propre
& l'avantage de ſes affaires particulieres ; & cela avec tant de
marques de leur aigreur, qu'il eſt aiſé d'en juger qu'ils vou-
droient pouvoir mieux & plus violemment luy faire reſſentir
les effets de leur haine non ſeulemét en corps, mais encore chacun en leur particulier. De toutes leſquelles veritez Sa Majeſté
eſt trop bien informée, & peut-eſtre trop facilement éclaircie
par les actes & les requeſtes que leſdits Officiers ont commen-
cé de faire ſervir à leurs défenſes en ladite inſtance contre les
juſtes demandes des Prevoſt des Marchands & Eſchevins, pour
que ledit Suppliant ne doive pas eſperer que Sa Majeſté aura
la bonté de ne pas laiſſer ſa perſonne ny ſes biens plus long-
temps abandonnez au jugement, c'eſt à dire à la vangeance des
Juges ſi viſiblement animez à ſa ruine. A ces cauſes, requeroit
le Suppliant qu'il plûſt à Sa Majeſté ſur ce luy pourvoir : ladite
requeſte ſignée Chanu Advocat au Conſeil. Livre intitulé, Privilege des foires de la ville de Lyon, dans lequel ſont inſerées
les Lettres patentes du Roy Philippes de Valois du 6. Aouſt
1349. portant reglement ſur le fait des foires de Brie & Champagne, avec attribution aux Gardes deſdites foires de connoître des differends qui ſurviendroient entre les Marchands frequentans leſdites foires, & défenſes à d'autres d'en connoiſtre.
Autres Lettres patentes du Roy Charles VII. du 9. Fevrier 1419.
portant creation & établiſſement de deux foires franches en
la ville de Lyon à l'inſtar des foires de Champagne, Brie, & du
Landit. Autres Lettres patentes du même Roy Charles VII. du
mois de Fevrier 1443. portant confirmation des précedentes,
& augmentation d'vne troiſiéme foire en ladite Ville. Autres
Lettres patentes du Roy Louys XI. du 14. Novembre 1467. portant ſuppreſſion des foires de Geneve, & augmentation d'vne

I   quatriéme

quatriéme foire en ladite ville de Lyon , & établissement du Bailly de Mascon Seneschal de Lyon pour Conservateur & Gardien desdites foires pour juger les differends qui surviendroient entre Marchands & Negocians desdites foires. Edit du Roy Charles VIII. du mois de Iuin 1494. portant confirmation de l'établissement desdites quatre foires en ladite ville de Lyon, avec pouvoir aux Eschevins d'icelle d'élire des notables pour décider les differends qui surviendroient entre Marchands. Autres Lettres patentes du Roy Louys du mois de Iuillet 1498. & du Roy François I. du mois de Fevrier 1514. confirmatives des privileges desdites foires. Edit du Roy François I. du mois de Fevrier 1535. portant reglement pour la competance du Conservateur desdites foires. Autre Edit du même Roy François premier du 19. Avril 1545. portant confirmation de tous lesdits privileges & attributions. Autre Declaration du Roy Henry III. du 19. Fevrier 1588. confirmative desdits privileges & de la jurisdiction dudit Conservateur. Lettres patentes du Roy Henry IV. du mois de May 1594. portant aussi confirmation desdits privileges desdites foires & de la jurisdiction desdits Iuges Conservateurs. Edit du même Roy Henry IV. du 2. Decembre 1602. portant reglement general sur le fait de la jurisdiction & competance desdits Iuges Conservateurs , pour ce qui concerne lesdites foires & autres matieres de commerce. Copie d'autre Edit du Roy Henry III. du mois de May 1583. portant qu'il y auroit deux Assesseurs Marchands nommez par les Eschevins de ladite Ville , pour juger conjointement avec ledit Iuge Conservateur les procés entre Marchands. Imprimé d'Arrest du Parlement de Paris entre le Iuge Conservateur des foires de Lyon & les Officiers dudit Presidial du 7. Septembre 1610. par lequel entre autres choses la connoissance des differends tant des domiciliez de ladite ville de Lyon qu'étrangers frequentans lesdites foires , pour raison de marchandises venduës & achetées pendant le temps desdites foires & hors icelles, & autres affaires de negoce , est attribuée audit Iuge Conservateur. Autre Arrest dudit Parlement rendu sur la requeste de Iean Sauzy voiturier par terre le 28. Aoust 1618. portant

renvoy

renvoy du procez criminel y mentionné pardevant ledit Conservateur des foires de Lyon pour en achever l'inftruction contre l'accufé. Sentence renduë en ladite Confervation entre les nommez Deffartines & Choifity Marchands de Lyon & Simon Morel Voiturier le 29. Mars 1667. par laquelle ledit Morel eft debouté de fon declinatoire,& ordonné que les parties procederont en ladite Confervation. Sentence renduë en ladite Senefchauffée de Lyon entre Symphorien Chapelle appellant d'vne Sentence du Confervateur d'vne-part , & Iean Mahuet intimé d'autre,le 11. Ianvier 1631. par laquelle les parties auroient efté appointées en droit, défenfe aux Procureurs de fe pourvoir à la Confervation, & Pelletier Procureur dudit Chapelle condamné en dix livres d'amende. Copie d'Arreft du Confeil rendu entre Pierre Geofroy & confors d'vne part , & Gonin Didier & confors d'autre le 29. Octobre 1622. portant renvoy des parties pardevant le Iuge Confervateur des foires de Lyon pour y proceder entre elles fuivant les derniers erremens , ledit Didier & confors condamnez aux dépens. Six autres copies d'Arrefts dudit Confeil rendus entre les particuliers y nommez les 30. Mars 1632.22. Fevrier 1661.4.Avril 17. Septembre 1662.7.Iuillet 1663.& 21. Octobre 1664. portant renvoy des procez y mentionnez en ladite Confervation. Sentence renduë en ladite Senefchauffée entre Claude & Iean Baptifte de Bely & Antoine Lagier Marchand de Lyon le 17. Iuin 1667.par laquelle ledit Lagier eft condamné au payement de la fomme y mentionnée , & la Sentence executée en cas d'appel en baillant caution , & même par corps fuivant la rigueur de la Confervation. Copie d'Edit du mois de Novembre 1563. portant établiffement d'vn Iuge & quatre Confuls des Marchands de la ville de Paris pour connoître de tous les differends à mouvoir entre Marchands pour fait de marchandifes,& que les Sentences qui feroient par eux renduës feroient executées fans appel jufques à la concurrence de la fomme de cinq cens livres. Procez verbal d'inventaire & appofition de feéllé fait par le vicegerant en ladite Confervation en la maifon d'vn nommé de Iames Marchand de Lyon, à la requifition

I 2   du

du Procureur du Roy en ladite Confervation le 5. Iuillet 166.2
Sentence renduë en lad. Confervation le premier Aouft 166.2
portant que les parties procederoient en ladite Confervation
nonobftant les conclufions du Procureur du Roy, à ce que le
differend y mentionné fuft renvoyé en ladite Senefchauffée de
Lyon.Autre jugement rendu en ladite Confervation le 22. Septembre 1662.par lequel en confequence de l'Arreft du Parlement de Paris du 12.du mois de Septembre,auroit efté ordonné que les Decrets de prife de corps & Ordonnances renduës
feroient executées,& permis de côtinuer la procedure extraordinaire tant contre les nommez de James que leurs complices.
Procez verbal du 12.Janvier 1667. du vicegerant en ladite Côfervation, de l'appofition du féellé en la maifon du nommé
Girard Marchand de Lyon,contenant les conclufions du Procureur du Roy à ce qu'il fuft furfis à la levée, dudit féellé &
confeƈtion de l'inventaire par lefdits Confervateurs, jufques à
ce qu'autrement en euft efté ordonné. Enfuite eft l'Ordonnance dudit Vicegerant,portant qu'attendu le confliƈt entre lefdits
Confervateurs & led. Prefidial de Lyon toutes chofes demeurent en eftat. Deux Sentences renduës en ladite Confervation
entre Louys Clapeyron Marchand de Lyon,& Marie Chevro-
tier vefve de Claude Micaud Marchand de Lyon les 12. & 16.
Decembre,par laquelle nonobftant le déclinatoire de lad.Che-
vrotier & les conclufions du Procureur du Roy, à ce que les
parties fuffent renvoyées en ladite Senefchauffée, il eft dit que
les parties procederoient en ladite Confervation.Requefte prefentée en ladite Senefchauffée par Claude Dandré, Iean Collemieu,& Ioachim Petit,à ce que les nommez Boyat,Lagier,&
Claufet fuffent affignez pour répondre à l'Audiance par ferment décififf,& par ledit Boyat,fur le dépoft à luy fait de la focieté y mentionnée,voir dire qu'il feroit contraint à le remettre
au Greffe, & lefdits Lagier & Claufet pour venir à compte de
ladite focieté,ladite requefte fignée des parties & d'Olier clerc
de Defchamps Procureur;enfuite eft l'Ordonnance dud.Lieu-
tenant General en ladite Senefchauffée le 25. Oƈtobre 1667.
portant,foit fait.Copie de commiffion obtenuë en ladite Senefchauffée de Lyon par le nommé Toriany Marchád de Lyon le
18. Avril

18. Avril 1668. pour l'execution d'vne Sentence renduë en ladite Confervation le 27. Iuillet 1667. enfuite font les exploits de
faifies & executions faits en confequence. Procez verbal du 24,
Mars 1668. de l'interrogatoire prefté pardevant lefdits Confervateurs par Marie Pitory femme du nommé Mercier Banquier
de Lyon fur le fujet de fa faillite, contenant la requifition de
Jean Dru Procureur, à ce que le differend fuft renvoyé audit
Prefidial, & les conclufions du Procureur du Roy, à ce qu'attendu la prévention & la competence dudit Lieutenant General en ladite Senefchauffée de Lyon, il fuft furfis par lefdits
Confervateurs à la confe&ion de l'invétaire des biens & effets
dudit Mercier. Copie de lettre de cachet de fa Majefté du 14.
Decembre 1667 portant entre autres chofes que les Prevoft des
Marchands de ladite Ville quoy que non graduez tiendront
toûjours le premier rang en la jurifdi&ion de la Confervation.
Copie d'autre lettre de cachet du 24. Septembre 1666. portant
auffi que ledit Prevoft des Marchands prefideroit en ladite
Confervatiõ. Copie d'Arreft du Confeil du 28. Septembre 1651.
portant que lefdits Prevoft des Marchands & Efchevins feroient conftruire dans vn mois des prifons en l'Hoftel commun
de ladite Ville pour la feureté des contrevenans à leurs Ordon-
náces, fur le fait de la garde, police & fanté de lad. Ville. Efcrou
de Gabriel Leftrain ouvrier en Draps de ladite Ville és prifons
royaux de Lyon, à la requefte de Jean Chattard Marchand de
ladite Ville en confequence de Lettres de Commiffion obtenuë au Greffe de ladite Confervation, faute de payement de la
fomme y mentionnée le 22. Mars 1668. Enfuite eft l'élargiffement dudit Leftrain le 27. dudit mois, en confequence du jugement rendu en ladite Senefchauffée. Autre écrou de Iean Sal-
leret efdites prifons royaux de Lyon à la requefte dudit Chattard le 22. dudit mois de Mars : enfuite eft l'élargiffement de fa
perfonne en vertu d'Ordonnance renduë en ladite Senefchauffée le 27. dudit mois de Mars. Sommation faite à la requefte
defdits Prevoft des Marchands & Efchevins de ladite Ville au
Concierge defdites prifons royaux le 17. Avril dernier, de
leur delivrer extrait defdits écrous & élargiffemens. Con-
tra& de vente faite par Maiftre Iean Minet aufdits Prevoft

I 3

des

des Marchands & Efchevins de Lyon, des Offices de Prefident
Juge Gardien & Confervateur des privileges defdites foires,
Enquefteur & Commiffaire examinateur en ladite Confervation moyennant la fomme & aux conditions y portées le 24.
Janvier 1654. Autre contract de vente fait par Maiftre Guillaume Pratlong aufdits Prevoft des Marchands & Efchevins le
30. du mois d'Avril de l'Office de Lieutenant en ladite Confervation, moyennant la fomme & aux conditions y portées. Autre
contract de vente faite par Maiftre Pierre Buillioud Mermet, &
Gafpard Vincent de Panettes aufdits Prevoft des Marchands
& Efchevins de Lyon le 13. May 1654. des Offices de Confeillers Advocats du Roy en ladite Confervation, auffi moyennant
la fomme & aux conditions y portées. Autre contract de vente faite par Maiftre Claude Pourra de la proprieté des Greffes
de la jurifdiction de la Confervation, à Eftienne Couchardet
le 21. Septembre 1653. Enfuite eft la Declaration faite par ledit Couchardet que l'acquifition par luy faite defdits Greffes
eftoit pour & au profit defdits Prevoft des Marchands & Efchevins. Imprimé de l'Edit du Roy du mois de May 1655. portant vnion de la jurifdiction de ladite Confervation au Corps
Confulaire de ladite ville de Lyon. Copie de Declaration de
Sa Majefté du vingt-trois Mars mille fix cens cinquante-fept,
portant que le Greffier de la jurifdiction de la Confervation fes
Commis & Clercs ne pourroient d'orefnavant recevoir des
parties ou de leurs Procureurs plus grands droits que ceux de
deux fols fix deniers pour chacun roolle d'expedition en papier
des Sentences, Jugemens, & autres actes de la jurifdiction ; &
pour les Sentences qui feroient expediées en parchemin, dix
fols, avec attribution aufdits Prevoft des Marchands & Efchevins Juges Confervateurs de connoiftre des contraventions qui
pourroient eftre faites à ladite Declaration. Arreft du Parlemét
de Paris du 3. Juillet 1657. qui ordonne l'enregiftrement de ladite Declaration. Copie d'autre Arreft dudit Parlement rendu
fur la remontrance du Procureur General du 3. Septembre 1667.
portant défenfes au Greffier de ladite Confervation de prendre plus grands droits des jugemens, expeditions, procedures, &
autres actes qu'il expedieroit, que deux fols fix deniers pour
roolle

roolle de groſſe; & en cas de contravention, qu'il en ſeroit informé par le premier Conſeiller de ladite Seneſchauſſée de Lyon. Arreſt du Conſeil d'Eſtat du 21.May 1667.portant que les titres concernans l'établiſſement & attribution de la juriſdiction de la Conſervation des privileges des foires de Lyon ſeroient mis és mains dudit ſieur Puſſort Conſeiller d'Eſtat,pour eſtre par luy veus & examinez, & enſuite ordonné audit Conſeil ce que de raiſon; & cependant Sadite Majeſté auroit homologué le Jugement rendu par le ſieur Archeveſque de Lyon le 6.Mars 1667. lequel Jugement ſeroit executé par proviſion; défenſes aux parties de ſe pourvoir ailleurs qu'audit Conſeil. Enſuite ſont les ſignifications qui en ont eſté faites tant auſdits Prevoſt des Marchands & Eſchevins de la ville de Lyon qu'aux Officiers de la Seneſchauſſée dudit lieu les 23. Juillet & 4. Aouſt 1667. Procés verbal du 27. Avril 1668. contenant l'interrogatoire preſté par Nicolas Gaulard Facteur d'Oudart Mercier Banquier de Lyon ſur le fait de ſa faillite pardevant le Juge Gardien, Conſervateur deſdits privileges des foires de Lyon. Imprimé des Reglemens de la place des Changes de ladite ville de Lyon,propoſez par les principaux Negocians de ladite Ville, du nombre deſquels eſtoit ledit Mercier. Enſuite eſt copie d'Arreſt du Conſeil d'Eſtat du 7.Juillet 1667.portant homologation deſdits articles. Liaſſe contenant vingt-trois pieces, qui ſont extraits tirez des Livres des Marchands qui ont vendu au nommé Girard Teinturier en ſoye de ladite ville de Lyon, ou acheté de luy & de courtiers de change, qui luy ont fait vendre & acheter diverſes ſortes de marchandiſes dont le payement a eſté ſtipulé en temps de foires. Procés verbal du ſieur de Seve Lieutenant General de Lyon du 12. Mars 1667. contenant l'interrogatoire par luy fait du nommé Chulliat Maiſtre Teinturier de ladite Ville qui s'eſtoit abſenté avec appoſition du ſeellé en la maiſon dudit Chulliat, & l'interrogatoire preſté par la mere dudit Chulliat. Requeſte preſentée auſdits Preuoſt des Marchands & Eſchevins, Juges Conſervateurs, par André Perret tant en ſon nom que comme ayant droit de Maiſtre Iſaac Cognain, aux fins de faire aſſigner Guillaume Duránd Confiſeur de ladite ville de Lyon, pour ſe

voir

voir condamner au payement des sommes y mentionnées : &
cependant permis de faire saisir ce qui se trouveroit luy appartenir, & de faire informer de l'enlevement des marchandises dudit Durand. Ensuite est l'Ordonnance du 13. Juin 1668. par
laquelle est enjoint au nommé Julien Huissier d'apposer le seellé sur les effets dudit Durand. Procés verbal de l'inventaire fait
par ledit Juge Conservateur des effets dudit Durand du 14.
Juin. Ordonnance renduë par ledit Juge Conservateur le 11.
Juillet audit an 1668. portant permission audit Perret de faire informer contre ledit Durand. Information faite en consequence du 12. desdits mois & an. Copie de Sentence renduë
en la Seneschaussée de Lyon sur la requeste dudit Durand le 13.
dudit mois de Juillet, portant que ses creanciers seroient assi-
gnez : & cependant défenses à ses creanciers de se pourvoir ailleurs. Sentence renduë en ladite Conservation le 21. dudit mois
de Juillet 1667. entre Jean Baptiste Jantet & Matthieu Courtet Marchands de soye de Nantua & Loüys Clapeyron Marchand de Lyon, par laquelle entre autres choses ledit Clapeyron est condamné payer ausdits Jantet & Courtet la somme de
cent trente & vne livres douze sols, sur laquelle sera déduit celle de dix-huit livres. Sentence renduë en ladite Seneschaussée
de Lyon entre ledit Clapeyron appellant de ladite sentence des
Prevost des Marchands & Eschevins d'vne part, & lesdits Jantet & Courtet intimez du 12. Aoust 1667. par laquelle lesdits
Jantet & Courtet sont condamnez à restituer audit Clapeyron
les sommes qu'ils avoient receuës de luy. Sentence renduë en
ladite Conservation entre David Coreal & Jean Dubois Marchands Gantiers de ladite ville de Lyon le 15. Juin 1668. par laquelle ledit Dubois est renvoyé absous avec dépens de la demande dudit Coreal. Autre sentence renduë en ladite Seneschaussée de Lyon entre ledit Coreal appellant de ladite
sentence desdits Juges-Conservateurs d'vne part, & ledit Dubois intimé d'autre le 3. Aoust 1668. par laquelle il est dit qu'il
a esté mal, nullement, & incompetamment jugé, procedé &
executé, & ordonné que les parties procederoient en ladite
Seneschaussée. Sommations faites à la requeste desdits Prevost
des Marchands & Eschevins au Greffier dudit Presidial les

9. & 10. Aouſt 1668. de leur delivrer les ſuſdites deux ſentences. Requeſte preſentée audit Preſidial de Lyon par ledit Dandré, à ce qu'il fuſt ordonné que Laurent Arnauld fut aſſigné pour voir dire que tous les effets contenus en l'inventaire de Jeanne Junot ſa mere luy feroient adjugez en ladite qualité d'heritier par benefice d'inventaire de ladite défunte, & autres concluſions y mentionnées. Enſuite eſt l'Ordonnance du 20. Juin 1667. portant, Soit ſignifié pour en venir. Sentence renduë en la Seneſchauſſée de Lyon entre Iean Collemieu, & Benoiſt Morandier & Jeanne Devigo ſa femme, & le ſieur Abbé de Savigny intervenant, le 27. Mars 1668. portant, qu'avant que faire droit au principal feroit fait nouveau rapport par experts dont les parties conviendroient. Requeſte preſentée en ladite Seneſchauſſée de Lyon par Maiſtre Claude Thomas commis par ſa Majeſté à la regie des Monnoyes de France, à ce que commandement fuſt fait à la veuve, enfans & heritiers de defunt Maiſtre   Aubert Greffier, de remettre au Greffe de la Monnoye de Lyon l'expedition de la procedure faite contre Claude Dandré Maiſtre Affineur. Enſuite eſt un acte dudit Thomas au Lieutenant general de ladite Seneſchauſſée, à ce qu'il luy plûſt ordonner les fins & concluſions de ladite requeſte, ſignifiée le 6. Juillet 1668. Acte dudit ſieur Lieutenant general dudit jour 6. Juillet, portant que ledit Thomas ſe pourvoiroit contre qui & ainſi qu'il aviſeroit bon eſtre pour raiſon de ladite procedure dont il n'avoit aucune connoiſſance. Autre acte du ſieur Heuvet Commiſſaire député ſur le fait des Monnoyes en ladite ville de Lyon du 31. Aouſt 1668. contenant la remiſe à luy faite par Nicolas Simon commis dudit Thomas des ſuſdites deux pieces. Copie d'Arreſt rendu entre leſdits Claude Dandré & Jean Collemieu, Joachin Petit, François Lagier, Claude Boyat & autres, le 21. Aouſt 1668. portant renvoy des procedures criminelles y mentionnées, en la Cour des Monnoyes, à laquelle ledit Dandré feroit tenu de comparoiſtre en eſtat d'adjournement perſonnel. Copie de deux ſentences renduës en ladite Conſervation les 20. & 27. Novembre 1665. entre les parti-

        culiers

culiers y nommez, portant renvoy de leurs differends en ladite Senefchauffée. Copie d'Arreft du Confeil contradictoi-
rement rendu entre lefdits Dandré, Colemieu, Petit, Lagier,
Boyat & autres, & lefdits Prevoft des Marchands & Efchevins de Lyon intervenans le 21. Aouft. 1668. portant renvoy
des procez & differends y mentionnez, en la Cour des Monnoyes, fans s'arrefter à l'intervention defdits Prevoft des Marchands & Efchevins, Juges-Confervateurs des privileges des
foires de Lyon, & fans prejudice de leur jurifdiction en autre
caufe. Requefte prefentée au Roy par les Confuls & Efchevins de ladite ville de Lyon & les Marchands étrangers demeurans en icelle fous le privilege des foires y établies, par
laquelle entre autres chofes ils auroient requis d'eftre maintenus és attributions de la jurifdiction de ladite Confervation
des foires privativement aux Officiers dudit Prefidial. Copie
de deux memoires tirez des Archives de la ville de Lyon,
dans lefquels font énoncées plufieurs Sentences renduës par
lefdits Juges-Confervateurs pour le fait des voitures. Livre
contenant avertiffement pour la jurifdiction Confulaire des
Marchands, & un Traité de la jurifdiction des Juges & Confuls. Autre Livre intitulé, Le Stile de la Confervation. Deux
copies de requeftes prefentées au Parlement de Paris par plufieurs Marchands de la ville de Lyon, creanciers de Jean-
Jacques Girard Marchand Teinturier de ladite Ville, à ce
qu'ils fuffent receus appellans de l'Ordonnance du Lieutenant
general de Lyon, obtenuë par le nommé Belichon auffi creancier dudit Girard : ordonner que fur ledit appel les parties
auroient audiance : & cependant, que la pourfuite en commencée par le Juge-Confervateur feroit continuée, le feellé
appofé fur les effets dudit Girard levé, & inventaire dreffé
d'iceux ; défenfes au Lieutenant general d'en connoiftre. Sentence renduë en la Senefchauffee de Lyon le 18. Aouft 1657.
entre Damoifelle Ifabeau Dulieu femme de Maiftre Thomas de
Moulceau Secretaire de ladite ville de Lyon, & ledit fieur de
Moulceau. Requefte prefentée aufdits Prevoft des Marchands
& Efchevins Juges & Confervateurs, par les Marchands

negocians

negocians fous le privilege des foires de ladite Ville, à ce que
acte leur fuft donné de l'oppofition qu'ils formoient à la levée
des nouveaux droits du Greffe , en confequence de l'Arreft
obtenu par lefdits Prevoft des Marchands & Efchevins de ladite Ville. Sentence renduë en ladite Senefchauffée de Lyon
fur la requefte defdits Dandré & Colemieu le 9. Decembre
1667. portant que fans avoir égard à la fentence du fieur de
Silvecane lefd. Dandré & Colemieu auroient efté déchargez
des peines portées par icelle,défenfe de proceder ailleurs qu'en
ladite Senefchauffée.Sentence renduë en ladite Confervation
entre Jean Matthieu & Jacques Dupuy , ledit Claude Dandré
& autres le 27.Novembre 1665. Autre fentence renduë par lefdits Prevoft des Marchands & Efchevins Juges Confervateurs
le 9. Decembre 1667. par laquelle Guillaume Defchamps Procureur auroit efté interdit de fa charge en ladite jurifdiction
pour fix mois , défenfes à luy d'y poftuler pendant ledit temps.
Copie d'Arreft du Parlement de Paris rendu fur la requefte
defdits Dandré & Colemieu le 30. Decembre 1667. par lequel ils auroient efté receus appellans de la fentence contre
eux renduë par le Commiffaire de la Monnoye de Lyon. Copie d'Arreft du Confeil du 22. Decembre 1667. par lequel
fans avoir égard aux fentences renduës par le Prefidial de Lyon
auroit efté ordonné que le jugement rendu par ledit fieur de
Silvecane feroit executé, défenfes aux parties de fe pourvoir
ailleurs que pardevant luy & audit Prefidial d'en connoiftre.
Plufieurs fentences renduës en ladite Senefchauffée de Lyon
entre les particuliers y nommez Voituriers depuis l'année 1639.
jufques & compris l'année 1662. pour raifon du fait defdites
Voitures. Copie d'Arreft du Confeil rendu entre Ifaac de
Pouffac, Claude de Rofny , Pierre Samuel & autres le 29.
Aouft 1665.portant renvoy des parties au Prefidial de Lyon par
appel au Parlement de Paris. Sentence renduë en la Senefchauffée de Lyon le 23. May 1667. entre Annet Broffet & les
fieurs de Madieres & Geofroy , portant qu'avant faire droit
aux parties nouveau rapport fera fait par deux Marchands Dra-
piers. Acte par lequel George Pefcher Voiturier de Lyon au-

                    roit

roit déclaré aufdits de Madieres & Geofroy le 10. Juin 1667.
qu'il n'eftoit jufticiable defdits Prevoft des Marchands & Efchevins , & auroit requis fon renvoy audit Prefidial de Lyon.
Copie de trois contracts de vente faits par François du Faure
& Jean Pierre Delrieu , aufdits Oudart & Jean Baptifte Mercier des Offices de Receveurs des Confignations de Lyon des
28. Novembre 1662. 20. Octobre audit an & 7. Aouft 1664.
Procés verbal du fieur de Seve Lieutenant general de Lyon ,
contenant l'inventaire par luy fait des effets defdits Mercier du
6. Avril 1668. Sentence arbitrale renduë par le fieur Archevefque de Lyon entre lefdits Officiers du Prefidial & lefdits Prevoft des Marchands & Efchevins , au fujet de la banqueroute
du nommé Girard le 6. Mars 1667. par lequel fans préjudice du
droit des parties il auroit efté ordonné que lefdits Officiers du
Prefidial leveroient le feellé appofé de leur autorité , feroient
l'inventaire des meubles meublans , des drogues propres à l'art
de teinture qui s'y trouveroient, & que lefdits Juges de la Confervation leveroient auffi leur feellé & feroient auffi inventaire
de tout ce qui concerne le fait de Negociant. Et pour éviter à
l'avenir toutes conteftations entre les parties, que ceux qui porteroient bilan, qui tiendroient livres, qui vendroient, acheté-
roient & ftipuleroient payemens en temps de foires feroient
reputez Marchands , & par confequent de la jurifdiction de
ladite Confervation.   Copie d'Arreft du Parlement de Paris
entre le Juge Confervateur des foires de Lyon & les Officiers
dudit Prefidial le 7. Septembre 1610. portant reglement pour
la fonction de leurs charges.   Livre intitulé Stile de la Jurifdiction Royale de la Confervation de ladite ville de Lyon.   Extrait du Recueil des Ordonnances fur le fait de la juftice &
abreviation des procez dans lequel eft inferée la Declaration
du Roy Henry IV. du deux Octobre 1610. portant que les Confuls connoiftroient feulement des differends entre Marchands
& pour le fait des marchandifes , & leur eft fait défenfes de
prendre connoiffance d'autres differends.   Bail fait par ledit
Thomas de Moulceau à Jean Claude Monod de la place de
Cómis au Greffe de ladite Confervation le 18. Novembre 1660.

requefte

Requeſte preſentée au Lieutenant Criminel de Lyon par Guillaume Guily, à ce qu'il fuſt ordonné qu'il ſeroit procedé à l'in-
ſtruction & parachevement du procez contre luy intenté à la
requeſte du Prevoſt des Marchands, & qu'il ſeroit parachevé
par autre que par ledit Lieutenant Criminel. Enſuite eſt l'Ordonnance ſignée Charrier, portant que les charges & infor-
mations luy ſeroient remiſes, pour icelles veües eſtre procedé
ainſi qu'il appartiendroit. Information faite par ledit ſieur
Lieutenant General de Lyon à la requeſte de François Dumes
& Anne Dumes ſa fille contre les y dénommez : enſuite eſt un
Decret de priſe de corps contre eux, decerné par ledit Lieutenant General des 9. & 10. Juin 1668. Autre requeſte preſentée audit ſieur Charrier Lieutenant Particulier par ledit Cui-
ly, à ce que ſans s'arreſter aux recuſations contre luy propo-
ſées il fuſt procedé au parachevement dudit procez. Enſuite
eſt l'Ordonnance dudit ſieur Charrier du 5. Aouſt 1668. portant qu'attendu leſdites recuſations deſdits Prevoſt des Marchands & Eſchevins ledit Guily ſe pourvoiroit à la Cour. Sentence rendüe en ladite Seneſchauſſée de Lyon ſur la requeſte
deſdits Prevoſt des Marchands & Eſchevins, à ce que leſdits
Officiers euſſent à s'abſtenir de connoiſtre de leurs procez &
differends tant civils que criminels, par laquelle Sentence auroit eſté ordonné que les parties ſe pourvoiroient du 3. Aouſt
1668. Acte par lequel ledit Guily auroit d'abondant declaré
qu'il eſtoit appellant de tout ce qui avoit eſté contre luy fait
par ledit Lieutenant Criminel le 18. May 1668. Eſcrou dudit
de Guily à la requeſte deſdits Prevoſt des Marchands & Eſchevins du 10. Mars 1668. Acte par lequel deſdits Officiers de
la Seneſchauſſée de Lyon ont baillé copie auſdits Prevoſt des
Marchands & Eſchevins des pieces y mentionnées. Autre acte
ſignifié à la requeſte deſdits Officiers de la Seneſchauſſée de
Lyon auſdits Prevoſt des Marchands & Eſchevins & aux
Commiſſaires nommez pour l'exercice de la juriſdiction deſdits Juges Conſervateurs le 8. Aouſt 1668. à ce que ſans avoir
égard à leurs réponſes du 3. dudit mois d'Aouſt les fins de la
requête des Officiers dudit Preſidial du 1. dudit mois leur fuſſent

fent adjugées. Acte de reception dudit Jean Baptifte Mercier efdits Offices de Receveur des Confignations de Lyon du 5. Decembre 1662. Eftat des creanciers defdites Confignations payez des deniers du fieur du Faure, montant à la fomme de deux cens quatre-vingt-fix mille deux cens quatre-vingt-cinq livres. Enfuite eft la promeffe defdits Mercier, de luy payer ladite fomme du 6. Novembre 1665. Copie de quittance de la fomme de foixante & onze mille trois cens foixante & treize livres un fol, receüe par Pecoüel dudit Mercier du 17. Mars 1666. Enfuite eft la reconnoiffance dudit Mercier que ladite fomme a efté payée des deniers dudit du Faure. Acte de Confignation faite par Claude Pecoüel le 18. Fevrier 1662. de la fomme de foixante & feize mille livres. Saifie réelle faite à la requefte dudit du Faure defdits Offices de Receveurs des Confignations & biens appartenans aufdits Mercier, faute de payement des fommes par eux deües. Ordonnance décernée par le fieur Coefnard Confeiller au Parlement & Requeftes du Palais, pour voir proceder au bail judiciaire des biens faifis fur lefdits Mercier du 6. Juillet 1668. Sentence des requeftes du Palais renduë entre Claude Martin & ledit du Faure, par laquelle fans avoir égard au declinatoire dudit Martin eft ordonné que les parties procederont du 8. Aouft 1668. Copie d'acte par lequel Damoifelle Marie Eleonord Matton reconnoift devoir à Antoine Vachon Receveur des Confignations de Lyon deux-mille trois cens trente livres, pour refte de la Confignation y mentionnée du 18. Novembre 1662. Tranfport fait par ledit Mercier comme ayant droit dudit Vachon audit Paul Mafcranny de ladite fomme de deux-mille trois cens trente livres deüe par ladite Matton du 17. Novembre 1664. Acte de Confignation faite par ledit Mafcranny de la fomme de onze mille livres pour l'adjudication y mentionnée du 16. Decembre 1664. Acte de fubrogation dudit Mafcranny en ladite adjudication de la perfonne du fieur de Bonnel du 12. Decembre 1664. à la charge par ledit Mafcranny de configner ladite fomme d'onze mille vingt livres. Cahier contenant les promeffes faites par lefdits Mercier audit Mafcranny des fommes

y men

y mentionnées des 19. Octobre 1660. 9. Janvier 1661. 15. Juillet & 3. Decembre audit an. Procedures faites par ledit Mafcranny en ladite Confervation. Saifies & criées des biens appartenans audit Mercier, faute de payement des fommes par luy deües audit Mafcranny. Sentence rendüe en la Senefchauffée de Lyon le 4. Avril 1668. par laquelle ledit Pilot eft fubrogé pour la pourfuite & parachevement des faifies & criées. Vente & adjudication par decret des biens faifis fur ledit Mercier. Copie de requefte prefentée aux Requeftes du Palais par ledit du Faure aux fins de faire affigner les creanciers dudit Mercier, pour voir dire que leurs faifies feroient converties en oppofition & qu'il feroit paffé outre aux criées. Saifie dudit du Faure: enfuite eft la Commiffion fur ladite requefte du 8. May 1668. & l'affignation donnée en confequence audit Pilot. Acte de prefentation dudit Pilot fur ladite affignation du 24. Juillet dernier. Efcritures defdits Prevoft des Marchands & Efchevins Juges Confervateurs. Contredits des Officiers dudit Prefidial contre ladite production fignifiée le 29. Octobre 1668. Recueil des titres de l'établiffement des Juges & Confuls de Paris. Contredits defdits Prevoft des Marchands contre la production nouvelle des Officiers dudit Prefidial fignifiez le 5. Novembre dernier. Procez verbal du Vicegerant en la Confervation, contenant l'appofition du feellé en la maifon de la veuve Bourdin à la requifition de Jean Cornallin du 19. Octobre 1668. Autre Ordonnance rendüe par ledit Vicegerant, portant qu'il feroit fait inventaire des biens & effets de ladite Bourdin dudit jour. Contredits fournis par ledit du Faure contre la requefte de production des Officiers dudit Prefidial fignifiez le 7. Novembre audit an. Acte par lequel lefdits Prevoft des Marchands & Efchevins ont déclaré aux Advocats defdits Officiers dudit Prefidial, de Seve, Vidaud, communauté des Procureus poftulans, Pilot, Rigioly & du Faure le 8. Aouft 1668. Qu'ils avoient mis leurs requeftes & pieces juftificatives és mains dudit fieur Puffort, & euffent à y mettre les leurs fi bon leur fembloit. Trois autres fommations faites aux Advocats defdites parties les 14. 17. & 18. Aouft de remettre leurs

pieces

pieces és mains dudit sieur Pussort, & donner leurs réponses aux requestes presentées par lesdits Prevost des Marchands & Eschevins de ladite Ville. Certificat du Commis du Greffe du Conseil du 7. Novembre 1668. que depuis le dernier Juin de ladite année jusques au 7. dudit mois de Novembre, il ne s'estoit fait aucune presentation audit Greffe du Conseil sous les noms d'Oudart Mercier, & Marie Bidaud, & autres pieces attachées ausdites requestes. Oüy le rapport du sieur Pussort Conseiller ordinaire de sa Majesté en ses Conseils, aprés en avoir communiqué par ordre de sa Majesté au sieur Colbert aussi Conseiller ordinaire en ses Conseils & Controolleur General de ses Finances : Et tout consideré. LE ROY ESTANT EN SON CONSEIL, faisant droit sur les requestes respectiues desdites parties. A ordonné & ordonne que les Edits, Arrests, Declarations & Reglemens concernans la jurisdiction des Iuges Gardiens & Conservateurs des foires de la ville de Lyon seront executez selon leur forme & teneur : ce faisant, Ordonne sa Majesté qu'ils connoîtront privativement aux Officiers de la Seneschaussée & Siege Presidial de ladite Ville, & à tous autres Iuges, de tous procés meus & à mouvoir pour le fait du negoce & commerce des marchandises, circonstances & dépendances, soit en temps de foires ou hors de foires, en matiere civile & criminelle, de toutes negociations faites pour raison desdites foires, circonstances & dépendances, mesme de toutes societez, commissions, trocs, changes, rechanges, virement de parties, courtages, promesses, obligations, lettres de change, & toutes autres affaires entre Marchands & Negocians en gros ou en détail, Manufacturiers des choses servans au negoce, & autres de quelque qualité & condition qu'ils soient, pourveu que l'vne des parties soit Marchand ou Negociant, & que ce soit pour fait de negoce, marchandise ou manufacture. VEVT & ordonne sa Majesté que tous ceux qui achetent des marchandises pour les revendre, ou qui portent bilan & tiennent livres de Marchands, ou qui stipulent des payemens en temps de foires, soient justiciables desdits Iuges Conservateurs

pour

pour raiſon deſdits faits de foires & marchandiſes. Con-
noistront auſſi leſdits Iuges Conſervateurs privativement auſdits Officiers de la Seneſchauſſée & Siege Preſidial ,
& tous autres Juges , des voitures de marchandiſes & denrées
dont les Marchands font commerce ſeulement. Con-
noistront auſſi de toutes lettres de répy, banqueroutes ,
faillites & déconfitures de Marchands , Negocians & Manufacturiers des choſes ſervans au negoce, de quelque nature
qu'elles ſoient : meſme en cas de fraude procederont extraordinairement & criminellement contre leſdits faillits , auſquels
& à leurs complices ils feront & parferont le procés ſuivant la
rigueur des Ordonnances, à l'excluſion de tous autres Juges :
ſe tranſporteront aux maiſons & domiciles des faillits , procederont à l'appoſition du ſcellé, confection des inventaires ,
ventes judiciaires de leurs meubles & effets, meſme de leurs
immeubles, par ſaiſies, criées, ventes & adjudications par
decret, enſemble à la diſtribution des deniers en provenans
en la maniere accoûtumée entre les oppoſans & autres prétendans droit ſur leſdits biens & effets, ſans qu'aucunes deſdites parties ſe puiſſent pourvoir pour raiſon de ce pardevant
les Officiers de ladite Seneſchauſſée & Siege Preſidial , ny
ailleurs que pardevant leſdits Juges Conſervateurs, ſous prétexte de la demande du payement du loüage des maiſons ,
gages des domeſtiques, lettres de répy , privilege , droit de
Committimus, incompetance, reculation , ou autrement en
quelque maniere que ce ſoit, à peine de trois mille livres d'a-
mende, & de tous dépens, dommages & intereſts ; à la charge neanmoins que les criées feront certifiées par les Officiers
de la Seneſchauſſée en la maniere accoûtumée. Fait ſa Majeſté défenſes auſdits Officiers de la Seneſchauſſée & Siege
Preſidial , & à tous autres Juges , de prendre aucune connoiſſance ny s'entremettre en l'appoſition deſdits ſcellez , confection deſdits inventaires , decrets , ventes & adjudications
deſdits effets, meubles ou immeubles des faillits , directement
ny indirectement, ſous prétexte de la certification deſdites
criées , prévention , requeſtes à eux preſentées par des créan-

L   ciers

eiers non-privilegiez , ou autrement, à peine de répondre des dommages & interests des parties en leurs noms. VEVT & ordonne sa Majesté, que les Juges Conservateurs connoissent à l'avenir de toutes les matieres susdites , & autres dépendantes de leur jurisdiction souverainement & en dernier ressort jusques à la somme de cinq cens livres , conformément à ce qui se pratique dans la justice des Juges-Consuls de la ville de Paris, leur en attribuant sa Majesté toute cour, jurisdiction & connoissance, pour estre leurs Sentences & Jugemens de la qualité susdite executez comme Arrests de Cour souveraine. FAIT sa Majesté défenses de se pourvoir au Parlement contre lesdites Sentences & Jugemens par appel ou autrement, & à ladite Cour & tous autres Juges d'en connoistre. Et à l'égard des sommes excedantes celle de cinq cens livres , seront leurs Sentences & Jugemens executez par provision au principal , nonobstant oppositions ou appellations, & sans prejudice d'icelles au cas d'appel : & seront tous leurs Jugemens executez en toute l'étenduë du Royaume sans Visa ny Pareatis , de mesme que si lesdites Sentences & Jugemens estoient seellées du grand seau de sa Majesté , faisant défences aux Parlemens, aux Presidiaux , & à tous autres Juges d'y apporter aucun empeschement,aux peines portées par l'Ordonnance. ORDONNE sa Majesté que les Marchands & Negocians sous les privileges des foires , qui seront notoirement solvables , soient receus pour cautions comme ils ont esté cy-devant & auparavant son Ordonnance du mois d'Avril 1667. en execution des Sentences & Jugemens desdits Juges Conservateurs, sans qu'ils soient tenus de donner declaration & dénombrement de leurs biens , meubles & immeubles. FAIT sa Majesté défenses ausdits Officiers de la Seneschaussée & Siege Presidial de prononcer par contrainte par corps & execution provisionnelle de leurs Ordonnances , Sentences & Jugemens , conformément aux rigueurs de la Conservation , à peine de nullité de leurs jugemens , & dépens, dommages & interests des parties en leurs noms. VEVT & ordonne Sa Majesté que l'Office de son Procureur en la Conservation demeure éteint & supprimé,

primé , fans qu'à l'avenir pour quelque caufe & occafion que
ce foit il puiffe eftre rétably : & fera ledit Vidaud rembourfé
du prix dudit Office dans fix femaines pour tous delais par
les Prevoft des Marchands & Efchevins de la ville de Lyon ,
fuivant la liquidation qui en fera faite par les Commiffaires
qui feront députez par fa Majefté. Et feront tenus lefdits
Prevoft des Marchands & Efchevins de nommer vn Officier
ou Gradué pour faire les mefmes fonctions dudit Office pendant trois ans gratuitement & fans frais , à peine de concuffion : & aprés lefdites trois années fera par eux procedé
à nouvelle nomination , & continué de trois en trois ans
en la mefme forme & maniere , fans que ledit Officier ou
Gradué par eux ainfi nommé puiffe eftre continué plus long-
temps que pendant lefdites trois années , & fans que lefdits
Prevoft des Marchands & Efchevins puiffent vfer cy-apres
de la faculté à eux accordée par ledit Edit de 1655. de nommer deux Advocats de fa Majefté. Pourront neanmoins en
cas de maladie , abfence , ou legitime empefchement dudit
Officier ou Gradué , en nommer & commettre vn autre pour
faire les mefmes fonctions dudit Procureur de fa Majefté. A
fa Majefté éteint & fupprimé , éteint & fupprime les Offices
de Procureurs-poftulans en ladite Confervation , la finance
actuelle defquels frais & loyaux coufts leur fera auffi rem-
bourfée par lefdits Prevoft des Marchands & Efchevins , fuivant la liquidation qui en fera faite par les Commiffaires à
ce députez ; fans neanmoins que lefdits Vidaud & Procureurs-poftulans puiffent eftre depoffedez de l'exercice & fonction defdits Offices , qu'ils n'ayent efté entierement rem-
bourfez. VEVT fa Majefté , que le titre de la forme de proceder pardevant les Juges & Confuls des Marchands de fa-
dite Ordonnance du mois d'Avril 1667. foit fuivi & obfervé
ponctuellement en ladite jurifdiction de la Confervation de
Lyon , & conformément à iceluy fait défenfe de fe fervir en
ladite jurifdiction du miniftere d'aucun Advocat ny Procureur ; mais feront tenus les parties de comparoir en perfonne à la premiere affignation pour eftre oüis par leurs bou-

L 2   ches,

ches, & en cas de maladie, abfence, ou autre legitime empefchement, pourront envoyer vn memoire contenant les
moyens de leur demande ou défenfe figné de leurs mains ou
par vn de leurs parens, voifins ou amis, ayant de ce cha rge
& procuration fpeciale, dont ils feront apparoir : à l'exception neanmoins des matieres criminelles, d'appofitions de
fcellez, confection d'inventaires, faifies & criées, vente &
adjudication tant de meubles qu'immeubles, oppofitions à
icelles, ordres & préference en la diftribution des deniers
qui en proviendront, efquelles affaires feulement, & non
autres, Sa Majefté permet de fe fervir du miniftere des Advocats & Procureur s. E T interpretant fon Edit du mois de
May 1655. A ordonné & ordonne que lors qu'aucun du Corps
Confulaire ne fera gradué & qu'il s'agira d'vne des matieres
fufdites efquelles on peut fe fervir du miniftere des Advocats & Procureurs, lefdits Prevoft des Marchands & Efchevins feront tenus de nommer un Officier de ladite Senefchauffée & Siege Prefidial pour inftruire & juger lefdites affaires & y prononcer, fans qu'ils puiffent eftre tenus d'en nommer pour toutes les autres qui ne feront point de la qualité
fufdite, & fans qu'il puiffe prétendre la prefeance fur le Prevoft des Marchands, lequel tiendra toûjours le premier rang
& feance encore qu'il ne foit pas gradué. F A I T fa Majefté
défenfes aux Officiers de ladite Senefchauffée & Siege Prefidial d'élargir aucun prifonnier qui ait efté conftitué de l'ordonnance defdits Juges Confervateurs, à peine d'en répondre en leurs noms, & au Greffier de ladite Confervation de
prendre pour tous droits des jugemens, expeditions, procedures, & autres actes qui fe feront en ladite jurifdiction, plus
grande fomme que celle de deux fols fix deniers pour chacun
roolle de groffe à peine de concuffion : & en cas de contravention ordonne fa Majefté que la connoiffance & punition en
appartiendra aufdits Juges Confervateurs en premiere infta n-
ce, & par appel au Parlement de Paris. A fa Majefté évoqué
& évoque à fa Perfonne pendant fix mois tous les procez &
differens civils & criminels meus & à mouvoir, dans lefquels

ledit

ledit de Moulceau, fa femme, enfans & domeftiques pourront eftre intereffez, & iceux avec leurs circonftances & dépendances a renvoyé & renvoye pardevant le Bailly de Mafcon, auquel fa Majefté en a attribué toute Cour, jurifdiction & connoiffance, & icelle interdite à tous autres Juges, & par appel au Parlement de Paris. A fa Majefté pareillement évoqué & évoque à fa Perfonne les faifies & criées, oppofitions & autres inftances concernant la faillite dudit Mercier, circonftances & dépendances, & a icelles renvoyé & renvoye aux Requeftes du Palais du Parlement de Paris, aufquelles fa Majefté en a attribué toute Cour, jurifdiction & connoiffance, & par appel audit Parlement. ORDONNE fa Majefté que tous ceux qui ont des titres & papiers appartenans audit Hoftel de ville de Lyon feront tenus de les remettre inceffamment dans les archives d'iceluy. Permet d'informer de la fouftraction qui en a efté faite, & pour cet effet d'obtenir Monitoire & Cenfures Ecclefiaftiques en forme de Droit. ET ayant aucunement égard aux requeftes refpectivement prefentées par ledit Lieutenant General & par lefdits Officiers de ladite Senefchauffée & Siege Prefidial, & par lefdits Prevoft des Marchands & Efchevins de ladite Ville, à fin de reparation des injures contenuës en leurs requeftes & écritures ; SA MAJESTE' a ordonné & ordonne que les mots injurieux contenus efdites requeftes demeureront refpectivement fupprimez, & fur le furplus des requeftes & demandes de toutes les parties, les a Sa Majefté mis & met hors de cour & de procez, dépens compenfez entre toutes lefdites parties, & feront toutes lettres neceffaires expediées, & le prefent Arreft leu, publié & affiché. FAIT au Confeil d'Eftat du Roy, fa Majefté y eftant, tenu à Paris le vingt-troifiéme jour de Decembre mil fix cens foixante-huit. Signé, LE TELLIER.

LOVIS par la grace de Dieu Roy de France & de Navarre : Au premier noftre Huiffier ou Sergent fur ce requis. Nous te mandons que l'Arreft ce jourd'huy donné en noftre Confeil d'Eftat en noftre prefence, fur les

reque

requeftes refpectivement prefentées en iceluy par nos chers & bien-amez les Prevoft des Marchands & Efchevins de noftre bonne ville de Lyon, Prefidens, Iuges Gardiens & Confervateurs des privileges des foires de ladite Ville, tant en leurs noms qu'efdites qualitez ; par les Prefidens, Lieutenans General, Criminel, Particulier, nos Confeillers & noftre Procureur, Iuges & Magiftrats en la Senefchauffée & Siege Prefidial de Lyon ; maiftre François du Faure noftre Confeiller, & Receveur general des Gabelles de Lyonnois ; les Procureurs-poftulans efdites Senefchauffée & Siege Prefidial, en la jurifdiction de la Confervation des privileges des foires, & autres jurifdictions royales de ladite Ville ; noftre amé & feal Confeiller Lieutenant General efdites Senefchauffée & Siege Prefidial Matthieu de Seve, Pierre Pilot Procureur és Cours de Lyon, & Thomas de Moulceau Efcuyer, Secretaire & Député de ladite Ville : Dont l'extrait eft cy-attaché fous le contrefeel de noftre Chancellerie : Tu fignifies à tous ceux qu'il appartiendra, à ce qu'ils n'en pretendent caufe d'ignorance, & ayent à y obeïr : Et fay les défenfes y mentionnées fur les peines y portées, & pour l'entiere execution d'iceluy à la requefte defdits Prevoft des Marchands & Efchevins tous exploits, fignifications, fommations, commandemens, & autres requis & neceffaires. De ce faire te donnons pouvoir & commiffion fpeciale fans demander autre permiffion. Et fera ajoûté foy comme aux Originaux aux copies dudit Arreft & des prefentes collationnées par l'vn de nos amez & feaux Confeillers & Secretaires. Car tel eft noftre plaifir. Donné à Paris le vingt-troifiéme jour de Decembre l'an de grace mil fix cens foixante-huit, & de noftre regne le vingt-fixiéme. Signé, LOVIS. Et plus bas, Par le Roy, LE TELLIER. Et feellé.

Collationné aux Originaux par moy Confeiller Secretaire du Roy, Maifon Couronne de France, & de fes Finances.

www.ingramcontent.com/pod-product-compliance
Ingram Content Group UK Ltd.
Pitfield, Milton Keynes, MK11 3LW, UK
UKHW031829170726
13836UKWH00004B/1571